国家出版基金项目
NATIONAL PUBLICATION FOUNDATION

U0453627

东北流亡文学史料与研究丛书·研究卷

罗烽白朗研究

巫晓燕 著

北方联合出版传媒(集团)股份有限公司
春风文艺出版社
·沈阳·

主　编　张福贵
研究卷主编　韩春燕

图书在版编目（CIP）数据

罗烽白朗研究／巫晓燕著．—沈阳：春风文艺出
版社，2019.11（2022.2重印）
（东北流亡文学史料与研究丛书）
ISBN 978 - 7 - 5313 - 5645 - 5

Ⅰ．①罗… Ⅱ．①巫… Ⅲ．①罗烽—人物研究 ②白朗
—人物研究 Ⅳ．①K825.6

中国版本图书馆CIP数据核字（2019）第185125号

北方联合出版传媒（集团）股份有限公司
春风文艺出版社出版发行
http://www.chunfengwenyi.com
沈阳市和平区十一纬路25号　邮编：110003
永清县晔盛亚胶印有限公司印刷

责任编辑：姚宏越　刘　维	**责任校对：于文慧**
封面设计：马寄萍	**幅面尺寸：155mm × 230mm**
字　　数：167千字	印　　张：11.5
版　　次：2019年11月第1版	印　　次：2022年2月第2次
书　　号：ISBN 978-7-5313-5645-5	
定　　价：48.00元	

版权专有　侵权必究　举报电话：024-23284391
如有质量问题，请拨打电话：024-23284384

目　录

上编　创作与研究综述

罗烽白朗创作小传 ………………………………003

罗烽白朗创作研究综述 …………………………020

中编　白朗创作研究

白朗中篇小说创作研究 …………………………035

白朗短篇小说创作研究 …………………………053

白朗短篇小说艺术形式专论 ……………………070

白朗散文与报告文学创作研究 …………………084

以女性写作群体为参照的白朗创作研究 ………101

下编　罗烽创作研究

鲁迅乡土书写与知识分子精神的双重延续 ……123

罗烽短篇小说创作研究 …………………………138

东北作家群中的罗烽 ……………………………153

罗烽作品中的精神意识研究 ……………………168

目次

上编
创作与研究综述

罗烽白朗创作小传

一、靡不有初

（一）20世纪20年代到30年代中期罗烽创作经历

罗烽，原名傅乃琦，1909年12月13日出生于辽宁省沈阳市郊区苏家屯。家中的生计最初是靠他的父母替人糊裱布钱包、洋火盒，给裁缝店缝皮子、锁扣眼……勉强维持。罗烽作为家中独子，很自然地承担了相当一部分家务，他自己也曾说"小孩子的天职就是玩耍，但母亲绝对禁止我和街坊的孩子们胡闹，母亲训练我充当家庭的小勤务、打扫卫生、跑街，除了不挑水，什么活都帮母亲做"[①]。从小生活的环境使得罗烽对生存的苦难有了直观的认识，而家庭的束缚同时也催发出他内心隐藏着的反叛与浪漫的英雄情结。他有时会违背母亲的要求，去寻找一点小孩子的快乐。但是这种行为一旦被发现，随之而来的便是严厉的惩罚。

"碰上六姨在，不但不拉着，还会帮助母亲一起打。母亲是恨铁不成钢啊！"[②]尽管后来的罗烽能够明了母亲的良苦用心，但这给当时的

[①] 金玉良. 落英无声：忆父亲母亲罗烽、白朗 [M]. 北京：文化艺术出版社，2009：119。

[②] 金玉良. 落英无声：忆父亲母亲罗烽、白朗 [M]. 北京：文化艺术出版社，2009：119。

他无疑更增添了想要摆脱束缚与压抑的渴望。这种感觉在罗烽六七岁进入私塾以后更加强烈。他不愿整天和一个糟老头读着老旧的四书五经，又不愿逃学，只得心不甘情不愿地被囚禁绑缚。而此时的他所能想出的最好的宣泄方式莫过于参加征服"敌人"的"军队"。罗烽在孩子们的战争游戏中的表现极为英勇无畏，"他们的战场是在大西关和小南关交界处的风雨台。他们使用的武器是弹弓、袖箭、石块和棍棒等。在数次的鏖战中表现了他的勇敢善战，负伤流血在所不顾"[①]。在这种游戏里罗烽的叛逆得到了宣泄，同时又收获了玩伴的敬佩，但这是大人们所不能理解和接受的。而罗烽本人在家庭环境改善，步入小学后也变得斯文而腼腆。

这一阶段的情感在罗烽1936年的短篇小说《最后的一次试验》中得到了反映。这篇作品讲述生活在社会底层的拾荒孩子阿龙在生活面前不断探寻出路的故事。他的脑袋里是"一座都市的仓库"，里面储藏着他美好的幻想。他与周围的同龄人始终格格不入，他想的是如何学好，有出息。虽然阿龙的尝试屡屡碰壁并最终转向认为钱才是真正重要的，且为此失去了性命，但罗烽依旧在小说中这样评价他："这孩子是一个伤感家，他有热情。"[②] "他那个进取的精神，并不因屡次失败而至于心灰意馁。这孩子可以说是知情达理的创业家，不，冒险家，他不怎样怕失败，他怕的却是失败以后想不出新的计划。"[③]除却反映底层人民的苦难生活外，在对主人公的描写中，罗烽可以说是倾注了年少时自己的内心情感和对某种性格品质的不懈追求，即浪漫的英雄主义，对改变现状的渴望以及不怕失败、勇于探索的精神。

1926年罗烽初中毕业，在初中的所见所闻让他清楚地认识到军阀的残暴不仁与官僚的腐败无为。由于家庭再次败落，无力支持其深

① 金玉良. 落英无声：忆父亲母亲罗烽、白朗 ［M］. 北京：文化艺术出版社，2009：119。

② 罗烽. 罗烽集 ［M］. 哈尔滨：黑龙江大学出版社，2011。

③ 罗烽. 罗烽集 ［M］. 哈尔滨：黑龙江大学出版社，2011。

造，罗烽不得不寻找谋生的道路。他本人十分抗拒担任讷河县县长幕僚的生活，于1928年年初只身前往哈尔滨。在呼海铁路传习所的学习中，罗烽结识了三位重要的朋友。其中中共地下党员胡起吸收他加入读书会，介绍他阅读《茵梦湖》《少年维特之烦恼》《苦闷的象征》，后又介绍他读蒋光慈的《鸭绿江上》《纪念碑》，鲁迅的杂文和柔石的《二月》等，影响了罗烽今后文学创作的方向以及现实主义与浪漫主义兼备的艺术风格的形成。

1929年是罗烽人生中十分重要的一年，他于2月正式加入了中国共产党。同年3月他结束传习所的学习进入实习阶段，在实习过程中同劳动者相处坚定了他的政治信仰。他开始利用诗的形式诅咒黑暗、赞美光明，并用象征的表现方法预见未来大同世界的喜悦。这些诗以"洛虹"为笔名发表在哈尔滨《晨光报》副刊《江边》上，"洛虹"的寓意有"乐红"之意，罗烽的精神信仰成为他文学创作的指引与土壤，他的情感与理想也有了具体的归宿。入党后，罗烽担任中共呼海铁路特别支部宣传委员。在哈尔滨沦陷前后，他一边掩护党的力量，帮助党团结进步力量，一边帮助爱国将领打击日本侵略者，发动文艺运动对抗南满汉奸文艺。他与妻子白朗，以及萧红、萧军、舒群和金剑啸等人一起开辟了《夜哨》《文艺》以及"星星剧团"等文艺阵地。在《夜哨》的创刊号上，罗烽以笔名"洛虹"发表讽刺独幕剧《两个阵营的对峙》，文中借铁路工人之口愤怒地喊出："起来，全世界的奴隶，起来，全世界的罪人！"

罗烽还发表了小说和诗歌等。短篇小说《口供》，以沦陷后的哈尔滨为背景，在短短三千字中，揭露了日伪警察局局长以抓捕嫌疑犯为名，夜闯民宅，强行带走民女，深夜轮奸少妇的荒淫暴行。诗歌《从黑暗中鉴别你的路吧！》和《说什么胜似天堂》揭露了罪恶统治的本质，唤醒人民的斗争意识。"凭自己的力量，凭大家的力量，一定能把地狱变成天堂！"然而就在罗烽的反满抗日活动进行得如火如荼的时候，日伪白色恐怖加剧的1934年6月，罗烽因叛徒告密被捕入狱，酷刑遗留下来的身心创伤几乎伴随其一生。但令他无憾的是，作为一个共产党员的气节清白并未因此受到损伤。

（二）20世纪20年代到30年代中期白朗的创作经历

白朗，原名刘东兰，1912年8月2日出生于沈阳。她与罗烽是姨表兄妹，他们的母亲是姐妹，白朗的母亲排行老三，罗烽的母亲排行老四。白朗的童年颇为不幸，父亲因病离世，母亲受不住打击而精神失常。生活的黑暗与扭曲以最触手可及的方式在年幼的白朗心中留下印痕，但也铸就了她坚韧不屈的性格。然而白朗同罗烽之间青梅竹马的童年时光构成了白朗许多天真欢乐的回忆。那时白朗像假小子，但颇为崇拜表哥，佩服表哥点子多，又精通一切玩技。只要表哥来，她便前后院子跟着。童年时的玩闹拌嘴成为二人甜蜜的回忆。后来白朗就读于黑龙江省立第一女子师范，被自己的母亲许给了表哥罗烽。这时白朗已经显示出自己独特的个性，爽朗、外向、品学兼优，在数学方面尤为突出，常是班级考试中的第一名。缜密的逻辑思维使后来白朗报告文学与战地文学的创作拥有了不同于一般女性作家的大局观和条理性。

白朗于1929年秋与表哥罗烽结为伉俪。然而新婚的甜蜜尚未退去，白朗便发现自己丈夫的异样，在她的日记体报告文学《狱外集》中是这样描述的："……最使我莫解的却是他那近乎古怪服装的更换。勃一向是不修边幅的，他经常递换穿着那两套不花钱的哔叽制服，即使参加什么宴会，他也不肯穿一件稍微讲究点的衣服，朋友们奚落他，他自己也不觉得寒酸……可是他却变了，每当晚间走出去的时候，总要换上一件衣服。制服、西装、便衣，轮流在身上穿上脱下。"[1]女性的自尊、女人的嫉妒都让白朗忍无可忍，她闹腾着要自立谋事，甚至要效仿娜拉一样出走。可是当她将丈夫偷偷藏起的"情书"抢过阅读时，"我兴奋，兴奋得完全像一个拾得珍宝的孩子，我

---

① 白朗. 白朗集［M］. 哈尔滨：黑龙江大学出版社，2011。

用责备的口气问勃：'这样好的东西，为什么不早给我看？'"①罗烽成为白朗思想蝶变的引路人。1931年"九一八"之后，经他介绍，白朗加入了"反日同盟会"，她如同凤凰涅槃一样获得了新生。

哈尔滨沦陷后，为了加强抗日救亡运动的宣传，杨靖宇指令罗烽出版"反日总会"会报《民众报》。已参加反日同盟会的白朗成为丈夫的得力帮手，她用娟秀工整的蝇头小楷刻蜡版。夫妻二人在夜深人静的时候兴奋而紧张地翻印党内文件、传单和《民众报》。遇到经费接济不上的情况，夫妻二人会自己垫付。1933年《夜哨》创刊后，白朗开始正式走上文学创作的道路。短篇小说《只是一条路》写一个未满十四岁的孩子王家栋为生活所迫给人当听差，在社会上受尽欺辱的故事。白朗从一开始就展现了对底层劳动人民的关注，并随着不同的时代背景增添丰富主题的内涵。这一时期通过描写底层人民的悲惨生活揭露沦陷时期社会的黑暗，表达了对光明的渴望。紧随其后的短篇小说《叛逆的儿子》讲述了一个同情受剥削受压迫的劳苦大众，愤而反抗自己封建腐朽家庭的男青年的故事。这也是白朗思想情感的生动反映，她接受了新的进步思想，致力于与一切封建的剥削的压迫的事物进行决裂、反抗，颇有五四精神的韵味，但同样未能给"娜拉出走之后应该如何"这一关键问题以回答。

为另外开辟宣传阵地，白朗在《国际协报》担任编辑时，将《家庭》和《妇女》两个周刊合并，创刊《文艺》，撰稿人几乎是《夜哨》的原班人马。为避免引起敌人注意经常改换笔名。白朗的笔名有刘莉、弋白、莉、杜微等，罗烽的笔名有洛虹、彭勃、罗迅、克宁、kn等。她在《文艺》上发表了一系列小说作品。其中短篇小说《惊悚的光圈》，在20世纪40年代出版的《十年来的小说界——满洲新文学大系小说上卷导言》收获评价："写作最勤快的是弋白，她的《惊悚的光圈》较比《夜哨》上的《叛逆的儿子》，无论在结构与技巧上都

---

① 白朗. 白朗集［M］. 哈尔滨：黑龙江大学出版社，2011。

有相当的进步。"正当白朗在追求真理、追求光明的道路上不断前进时，生活再次挑战白朗的意志。罗烽因叛徒告密被捕，白朗除却要以金钱活动运作，承受报社同事一些不怀好意的言论，还要时刻担心罗烽的安危。然而即使在这种情况下，白朗依旧坚持出刊《文艺》到年底。这些足以证明白朗已经从一个天真的知识青年逐渐成长为一位可以独当一面的革命战士。

二、邦之彦兮

（一）20世纪30年代中期到40年代初期罗烽创作经历

1935年7月15日，罗烽与妻子白朗潜赴上海投奔萧军与萧红。由于生活窘迫，陷入了"一件毛衣常常典当几次"的境地。随后更为逼迫人的是，投出去的文章无人肯要，典当一空，借贷无门。但这并未使罗烽消沉下去，相反他积极联络组织关系，努力克服生活上的困难。事实上如果只为了维持生计，罗烽凭借铁路供职七年的履历以及东北流亡交通界的资格到南京政府交通部报到登记，即刻就可得到职业。这是国民党对沦陷区从事铁路、邮政的逃亡人员采取的特殊措施，并且还有东北铁路逃出的旧同寅在此担任重要职务。但罗烽认为这些出路都有碍于他的政治前途，所以一次次地拒绝、放弃。

天无绝人之路，1935年9月至10月，罗烽经人介绍认识了左翼作家联盟负责人周扬。经过一番程序于11月正式接上党的关系并加入左联。重新与党组织取得联系，使得罗烽的心情明亮起来。他这时的心情在11月写就的诗歌《他是贪婪地活着》中得到了表述，"还要将快乐造成不朽"，亦表达了罗烽高涨的革命热情与崇高的思想觉悟，"只要是有生命的原子，在动的社会里有用，在生的群众里有功，悄悄地死去也行"。而罗烽一生也真切地践行了诗中的语句。在同一时期，他与妻子白朗开始在进步文艺期刊《海燕》《夜莺》《作家》《光明》上发表诗歌、散文和小说。

罗烽的创作主张早在他替妻子为《文艺》副刊撰写的前言中可见一斑："文学不能规定目的，因为有目的的文学，常是失却了文学的价值，但文学学者他不能只埋首在书斋里构思、设想，起码应当推开窗子、睁开他的睡眼，和现实亲切一下。那样，可以明了人类在广大的宇宙间怎样地生存着，更可以听见弱者的低吟是怎样在垃圾堆上和阴沟打滚呢！"① 罗烽的文学创作是与他的革命斗争密不可分的，他是由革命走向文学。文学的灵感与动力根植于他信仰的精神土壤，而他的战斗意识又源于强烈的关注现实精神。在黑土地上独特的生活际遇使他较早地触摸到了中国社会伤痕累累的一面，所以他的作品中又带有深厚的人文关怀与温情意识。

他在1936年发表的《呼兰河边》《狱》较为鲜明地贯彻了他的理念。《呼兰河边》讲述了"我"在呼兰河桥防守所见证的一个手无寸铁的牧童的悲剧。敌军怀疑牧童是抗日义勇军将其逮捕，最后将牧童的小牛吃掉并残忍地杀害了他。他的尸骨与牛的骨头被抛在草丛中，而他的母亲亲眼看见了这一场景。"我"在文中时时流露出对牧童、小牛以及村妇的同情，那是人民苦难的缩影，不禁发出叹息："中国人哪，中国人哪，受难的中国人哪！"这种同情隐隐地鼓励着受苦的人民进行反抗。当牧童的母亲求救无门时崩溃地诉说："我没有炸弹，我没有手枪！"罗烽实际上已经指出了中国人民反抗的道路。而在《狱》中描写的是在狱中受到压迫和不公待遇的人民，这和罗烽1934年被捕后的狱中经历是关联的。文中同时又暗示着未来的爱国志士的不懈斗争。"……而且，在窗前伸出一丛摇曳着的丁香树梢，它，告诉我，这块土地上生长出来的东西，并没有死灭！虽然，那叶子已经半黄了。"

罗烽同年的短篇小说《第七个坑》承袭着揭露黑暗、鼓励反抗的主题，被译成英文在《国际文学》上转载，王瑶评价它是"发表后得

---

① 罗烽. 文学的使命 [J]. 文艺，1933（1）。

到过好评的"①作品。小说主要讲述了皮鞋匠耿大被日本侵略者抓去挖坑活埋同胞。在一连挖了六个坑以后，敌人又逼着他活埋自己。耿大终于觉醒，反抗敌人，第七个坑派上了真正的用处。作品展现了对社会现实的清醒洞察，即不反抗则死亡。周立波评价这篇小说："……他在那篇上的成功不是他关于敌人的残忍的描写，而是他描写皮鞋匠耿大的恐怖心理的很少的几笔，和他反映'九一八'以后的沈阳的乱离的情况。"②

　　七七事变后，抗日战争全面打响。罗烽负责中国文艺家协会募捐办公室的工作，同时担任文艺家战时服务团的宣传部部长。八一三事变后上海局势空前紧张，文艺界人士开始撤离。罗烽被迫离沪，计划由南京北赴山西战场。后大同失守，北上交通不通，罗烽毅然奔赴武汉。与沙汀失去联系使得罗烽失掉了党的关系。在武汉时期，罗烽与丽尼创办的刊物《哨岗》被封，他托柯仲平给周扬带口信，要求前往延安。后罗烽辗转于西安、临汾，最终回到武汉。其间两次试图与党取得联系均未能成功。1938年3月，中华全国文艺界抗敌协会成立。罗烽、白朗同为发起人之一，罗烽被选为理事。武汉战局吃紧，罗烽转移至重庆。在武汉的近一年中，罗烽创作了中篇小说集《莫云与韩尔谟少尉》，在《战地》连载长篇小说《满洲的囚徒》。抵渝后罗烽、白朗又同战地访问团奔赴前线，1940年罗烽担任《文学月报》主编。这一年罗烽出版了短篇小说集《粮食》，发表近百首《战地诗草》，长诗集《碑》、杂文集《蒺藜集》在桂林出版，写完《满洲的囚徒》第一部。

　　罗烽的小说以反映时代的真实矛盾与残酷为主题，由此产生了广泛的题材选择和对人物多重复杂性的揭示。有丧失民族气节为伪警察厅打造脚镣的铁匠沈万清（《生意最好的时候》）；安分守己对时局漠

---

　　① 王瑶. 中国新文学史稿（上）[M]. 上海：上海文艺出版社，1983：295。
　　② 周立波. 一九三六年小说创作回顾——丰饶的一年间 [J]. 光明，1936（2）。

不关心但最终被赶入殖民地屠宰场的左医生（《左医生之死》）；为了避免孙子沦为日本侵略者走狗而在给孙子的蛋糕中放入砒霜的爷爷（《三百零七个和一个》）。中篇小说《归来》中的知识青年黎典和同伴白骞共同加入抗日义勇军，然而臆想中的诗意并不存在。没有整齐划一的服装，威风先进的武器，他对这支队伍的战斗力产生了怀疑。同伴的牺牲更加深了他的孤独与惶恐，他试图逃回旧生活，等待他的却是一个生死难测的明天。这些人物与命运统统指向一个内涵，即必须反抗，唯有这样才能找到出路。

在艺术特色上，罗烽善于用对话以及人物情感的自然流露来推动情节发展。在刻画人物心理时善于将景语与情语两结合，环境成为外化的人物内心情感。罗烽运用诗化的语言描写人物的心理活动以增强情感。这与他早年的诗歌创作是有关的，与白朗的创作手法也是有所区别的。很多篇目结尾处的处理手法颇有特色：或是结束于富有象征意味的景色描绘中，从而达到言有尽而意无穷的效果，白朗在这一点上颇受罗烽影响；或是用饶有意味的叙中藏议收束动情铺展的故事，给人思想上的启示；也常笔锋陡转，于出人意料处戛然而止，让读者在喟叹之余细致思索。

（二）20世纪30年代中期至40年代初期白朗创作经历

1935年，罗烽、白朗在沪生活已经陷入窘迫，所幸白朗在《申报》谋得一份打字员的工作。但罗烽、白朗在很长一段时间内也只能共吃一份客饭，勉强度日。1935年年底，白朗产下一名男婴。孩子未满周岁时患脑膜炎，因无钱医治死亡，这已是白朗失去的第五个孩子。1936年，白朗的作品在进步文艺期刊上发表，包括短篇小说《伊瓦鲁河畔》《轮下》。这一时期白朗和罗烽的作品大多以反封建、反侵略、反投降为主。

《伊瓦鲁河畔》讲述的是日寇统治下伪满宣抚员在宣传所谓的"王道乐土"时与村民之间冲突的故事。主要人物贾德和村民对前来演讲的宣抚员的鬼话连篇并未相信，反而与之正面对抗。后来义勇军及时赶到拯救了村民。这个故事旗帜鲜明地表达了反日寇反伪满的主题。比如频繁在文中出现的歌谣：

> "满洲国"旗黄又黄，
> 一年半载过不长，
> 东洋虎，
> 满洲狼，
> 一股脑儿见阎王。

在结尾处，象征投降主义的老村长投河自尽，没有人搭救，他发出怨言或叹息："……在他们脉络里，在他们四周，只有一个单纯而不愿休息的而且也不能休息的兴奋激荡着……"贾德又唱起了开篇的歌谣，昭示着敢于反抗必将迎来出路。

《轮下》，一篇带有报告文学特点的纪实小说，在中国当代纪实文学的创作具有别开生面的广度与深度。《轮下》以1932年秋哈尔滨大水灾为背景，表现了难民与日伪当局的斗争。揭示侵略者及其爪牙的残暴，以及人民为了生存而进行的惨烈反抗。其中有难民代表被押入囚车，他的老婆抱着孩子卧在囚车前被活活碾死的悲惨场面。同时这篇小说在艺术处理上颇具匠心，"后来有学者评价她的这篇作品说：'笼罩着凄楚沉郁的悲剧气氛，描绘了波澜壮阔的群众斗争场面，并且在描写时采用电影蒙太奇的结构手法，把人物对话、动作、心理刻画组合成一组组电影镜头，平行交叉，迭复剪辑在一起，使小说文简流畅，人物个性突出，情节跌宕，节奏明快。'"[①]。这也基本概括了白朗的创作特色。

七七事变后，怀孕六七个月的白朗依旧在战时服务团工作。8月13日日本飞机在上海"大世界"扔下炸弹，在正在募捐的白朗身边爆炸。9月5日，罗烽、白朗奉组织命令撤退内地。罗烽预备前往山西

---

① 白朗. 白朗集［M］. 哈尔滨：黑龙江大学出版社，2011：13。

前线，于是待产的白朗同罗烽的母亲前往武昌投奔亲戚。上船时身怀六甲的白朗险些被蜂拥的人群挤下船，幸好被罗烽的母亲一把抓住。11月12日白朗产下儿子傅英，而在此之前白朗仍和罗烽紧密配合帮助爱国志士进行革命宣传。1938年3月，白朗与罗烽同是"文抗"发起人之一。后战火逼至武汉，白朗先行转移至重庆。在重庆，白朗克服了内心的种种情感，毅然参与了"文抗"组织的战地访问团奔赴前线。白朗内心的挣扎在作品《战地日记》中表露无遗："'到前方去！'我也曾几次私自下过决心，然而，那新生的孩子，我是怎样也不忍离弃的……"

战地访问团的行程在艰险与欢快交相编织中度过。这段生活在1940年出版的中篇小说集《我们十四个》中得到了生动的描绘。遗憾的是，白朗因为身体原因未能完成前线之行。1940年秋冬两季，是大后方进步文艺期刊蓬勃发展的时期。这一年里白朗在《大公报》《抗战文艺》《东北论坛》等发表大量报告文学、散文和评论等。出版中篇小说集《老夫妻》（1940年4月）、散文集《西行散记》（1940年初版、1941年再版）等。同这一时期的罗烽一样，白朗作品的中心内容以暴露日寇侵占东北的残酷罪行和人民的英勇反抗为主，鼓励人民投身于抗战，赞美大后方人民抗日的高昂热情，与党每个阶段的政治任务紧密相连。

白朗的作品以反映现实生活为主，对劳动人民的生活给予极大关注。这一主题贯穿白朗的创作，并随着时代的变化而不断丰富，由展示被压迫者的苦难生活，揭示日寇、伪满的残暴统治，赞美劳动人民的英勇反抗，到后来热情讴歌凭借自身努力为国家做出贡献、实现自我价值的劳动人民典型。白朗的创作也可以说是一部女性精神成长的自传。《逃亡日记》以日记体写一位女青年，反抗旧家庭独自出走，可她一踏入社会就被"贫困的苦痛和彷徨的迷茫包围了"；《四年间》的主人公黛珈蔑视旧礼教，一心求学上进，却困顿于旧式婚姻，她怀着希望去学校任教，而学校的污浊风气让她难以忍受，四年间希望与幻灭周而复始；而在《生与死》中传统了一辈子的老祖母成功踏出了反抗旧社会反抗压迫的一步；《老夫妻》也是一位以夫为天的传统女性抗争成功的故事。再到1949年后对社会主义建设中的突出女性的刻画，如《为了幸福的明天》，这些创作也反映了白朗本人思想的不断进步。

白朗的小说善于以场景的切换来推动情节发展，这与罗烽是有所区别的。通过场景的变换与场景中人物的活动与对话来展现人物复杂的内心，使得文章节奏清晰，文笔简练。在进行群体刻画时，白朗运用电影化表现手法，既省笔墨又有较突出的形象特征。然而白朗的一些作品在人物形象的刻画上稍显单薄，叙述多于描写，结构显得线条较粗。这既是受到白朗本人为了配合斗争未能精细打磨的影响，白朗说"我写了半辈子东西，全是'急就章'"（见白莹《白朗小传》），也有缺乏此类生活实践的深入体验之故。

白朗的景物描写主要是服务对比手法的一部分，越是激越的场景前越要铺陈一种宁静的环境氛围，然而这种宁静之中又压抑着躁动。对比手法在白朗的人物塑造中是较常出现的，主要用于人物转变中。《老夫妻》里吝啬的老地主在经历了和义勇军一同对抗侵略者以后，临终前将其悄悄藏起的钞票全数给了义勇军。另外，白朗的小说作品，受其散文创作的影响，常将叙述、议论、抒情融为一体。散文化也表现于抒情化，在写景状物或指事造形中都伴随着情感上的抒发。在作品结尾的处理上，白朗颇受罗烽的影响，常于富有象征意味的场景中结束（如《伊瓦鲁河畔》《一个奇怪的吻》），或于情节的关键处戛然而止（如《生与死》《轮下》）。

三、雨雪其雰

（一）20世纪40年代初期到80年代罗烽的经历

1941年1月6日皖南事变发生后，罗烽、白朗相继迁至延安。在重庆期间罗烽除小说、戏剧、长短诗外还发表了五十多篇针砭时弊的杂文，如《便衣汉奸》《论客之类》《盛意可感》。这些杂文不仅批判国民党的动摇性和失败情绪，还暴露了国民党政治态度的逆转。可以说罗烽无论身在何处，他的作品都是为革命战争而服务的，每一天都未曾忘记自己的革命职责，时时注意维护自身的政治纯洁性。然而就是这样的一个虔诚的革命战士却遭受了他最不应承受的折辱。

在1958年关于"右派分子"罗烽的政治结论中，所谓的反党罪行无外乎是：反右以后积极向丁玲献策，提示丁玲在发言时注意策略，并劝丁玲赶写反右派的文章；反对刘芝明，反对周扬，反领导即为反党；撰写文章诽谤党和革命。事实上这些罪状皆属于无中生有、歪曲事实、断章取义的产物。

关于丁玲一事，丁玲申诉自己对1955年处理的意见，而罗烽作为作家支部书记出于组织角度和丁玲谈了几次话。在1957年第一次党组扩大会召开前，罗烽曾对丁玲做思想工作，劝告她在会上冷静地听取大家的批评，不要有情绪，不要给别人戴帽子。接着开展反右派斗争，罗烽再次劝告丁玲，抛开个人恩怨，站在党的立场维护党的利益，积极写文章投入反右派斗争。这便是第一条罪行的由来。

关于刘芝明的问题，实际上是对刘芝明的领导作风及其落实毛主席文艺方针提出的意见。1953年3月初，按照东北局宣传部的"认真总结东北三年来的文学工作的指示，东北文学工作者协会的全体同志即着手讨论"①。作协全体分工进行《三年来东北文学创作工作总结》报告的撰写，在讨论的过程中关于刘芝明的作风、干部使用问题，作协全体又整理出了一份附件，供东宣部和刘芝明参考。所有的材料都是民主讨论、共同定稿、公开上报，并且工作总结中关于刘芝明领导东北文艺工作犯有政策性错误的意见来自蔡天心而非罗烽、白朗、舒群，但后来却被作为罪证强加于三人。1949年罗烽为了弥补

① 金玉良. 落英无声：忆父亲母亲罗烽、白朗 [M]. 北京：文化艺术出版社，2009：48。

刘芝明"总报告"初稿对毛主席文艺方针强调不够的情况，在东北文代会上的开幕词中着重强调了毛主席文艺为工农兵服务的根本方针。但东北作协执行主席草明在宣读时随意发表了极为不负责任的言论，当晚文协同志对其进行指责，却被演绎为舒、罗、白的秘密反党会议。

关于周扬的问题在于，罗、舒、白等五人署名写文章反对周扬。1941年7月17、18、19日三天，延安《解放日报》副刊连载周扬《文学与生活漫谈》的文章，萧军认为此文章是针对党外作家的，罗烽、艾青、白朗则是对周扬文章中有些问题的提法和影射攻讦的语调有不同意见。8月1日，白朗、舒群、艾青、罗烽、萧军五人署名的《〈文学与生活漫谈〉读后漫谈集录并商榷于周扬同志》在《文艺月报》上连载。发表后周扬本人没有任何反应，也没有人说这是反对周扬、反对党。周扬的文章不过是"漫谈"而已，并非党中央红头文件，五人所做的也不过是以漫谈的形式对其漫谈进行补充，后来却被认为是反党、反周扬。

至于撰写反动文章，所谓的反党文章《太阳的黑点》是从五人署名的文章中的第三个小标题中杜撰而来。由于篇幅所限不将有关部分原文进行展示，而在这一部分中主要论述的却是如何对"黑点"进行有效的处置，同时表示"黑点"不会影响人们对光明的信仰，光明也将更为纯粹。罗烽的另一"反党"文章《还是杂文的时代》，是罗烽1942年针对延安某些人私下鼓吹的鲁迅杂文的文体形式可以在延安废除了的论调撰写的。是从文体之用的角度出发的，认为杂文作为一种文体将长期存在，"经年阴湿的角落还是会找到，而且从那里发现些垃圾之类的宝物"。

因为这些所谓的罪证，罗烽与白朗经历了长达十余年的不公对待。然而晚年的罗烽虽身心已饱受摧折，但仍记挂着当年同自己一道被捕入狱的同志是否洗清冤屈。罗烽一生的追求在于真理，在于无愧于心。这也是支撑其创作的风骨。

（二）20世纪40年代初期到80年代白朗的创作经历

抵达延安后，白朗先后于1942年参加延安文艺座谈会并担任《解放日报》副刊文艺编辑，1945年在中央党校入党，1946年任党报《东北日报》副刊部部长、东北文艺协会出版部副部长和《东北文艺》副主编。此时期，白朗小说作品取材于土改斗争和人民军队的战地生活，描绘革命斗争的历史场景，歌颂战斗英雄与农民翻身运动。风格明快、平易。主要作品有短篇小说集《牛四的故事》、短篇小说《不朽的英雄》《死角》等。

1949年后白朗进入创作的黄金时期。她以工厂和战争生活为题材，满腔热情地赞颂伴随着社会主义建设涌现的英雄人物和一代社会主义新人，礼赞抗美援朝的志愿军战士。同时塑造了成长型女主人公邵玉梅的形象，她由受尽封建思想压迫和日本侵略者欺凌的无助者慢慢转变为投身于社会主义事业的富有觉悟的女性形象（中篇小说《为了幸福的明天》）。还有长篇小说《在轨道上前进》。白朗的创作风格逐渐趋于热烈、洒脱。

同时期白朗在国际舞台上崭露头角，她代表蔡畅、邓颖超赴索非亚参加国际妇联执委会工作。1951年参加国际妇联组织的"对美李匪军在朝鲜的罪行调查团"，目睹骇人听闻的"美李"暴行，并执笔起草《告全世界人民书》散发世界各地。1952年2月她随中国作家代表团去朝鲜战地访问，归国不久又随"赴朝慰问团"去朝鲜。9月，奉周总理之命陪英国工党议员费尔顿夫人再赴朝鲜。1952年冬，出席在维也纳召开的世界和平大会。1953年6月，去哥本哈根出席世界妇女大会，会后应芬兰邀请到赫尔辛基参加芬兰妇女文化日。7月参加板门店停战协定签字仪式。1956年出席在新德里召开的亚非作家代表大会。

然而正当白朗意气风发、踌躇满志的时候，从天而降的污水让今后的愿景统统化为泡影。1958年，白朗的"反党罪状"中，在与丁玲的关系上，认为白朗在邓颖超同志面前做歪曲事实、颠倒黑白的申诉，为丁玲的"反党罪行"辩护。事实上，8月白朗应全国妇联建议在北戴河写《何香凝传》。由于听不懂广东话，恰逢周总理和夫人邓颖超也在此地，白朗便前去拜访了解有关何先生的情况。谈话间，邓颖超主动问起关于丁玲的情况，白朗表示丁玲反党的可能性并不大，同时不同意丁玲提倡"一本书主义"就是反党。

在反对刘芝明反周扬即反党的问题上，据当年参加撰写总结报告的人说："当时东北作协的整个气氛——对刘芝明的文艺思想和领导作风的不满是一致的。"[①] 白朗自己也说："会议结束以后，不但没人指出我有反党错误和小圈子情绪，作协党内反而根据东宣部的意见把我选为副支书。当我调离东北时还给我做了一个非常好的鉴定。"[②]关于周扬的情况在介绍罗烽时已经讲过，此处不再赘述。

因为这些莫须有的罪名，罗烽与白朗被清除出党，划为右派，撤销一切荣誉与职务，下放到阜新矿区劳动改造。对于党的最高处分，夫妻二人在思想上是难以接受的，而矿区的劳作也极大地摧残了两个人的身体。1959年7月、1960年3月中旬、1961年7月的汇报中白朗敞开心扉，请求组织的指导与监督，争取尽快回到党的怀抱。1961年初冬二人摘去了右派帽子。为了弥补失掉的时间，他们在短时间内写出了大量脍炙人口的优秀作品。白朗创作了短篇小说《少织了一朵大红花》《温泉》《警钟》等，罗烽与青年学者杨桓写了长篇报告文学《列车在前进》，还写了短篇小说《雪天》《第九盏红灯》以及四幕话剧《春风得意》等等。

随后一场更大的政治风暴"文革"再度使二人陷入雪上加霜的境地。1968年，罗烽、白朗被送至辽西盘锦五七干校。在盘锦，白朗的精神崩溃了，她摔碎钢笔，发誓从此不写一个字！而她于1970年7月

---

① 金玉良. 落英无声：忆父亲母亲罗烽、白朗 [M]. 北京：文化艺术出版社，2009：54。

② 金玉良. 落英无声：忆父亲母亲罗烽、白朗 [M]. 北京：文化艺术出版社，2009：54。

在精神极度错乱下写了长达一万五千字的《退休（职）申请书》。这封浸透了白朗血泪的万言书才是她真正的绝笔。

　　长达十年的时间里，罗烽与白朗在极度困苦不公的境地里不离不弃。一如曾经经受的诸多磨难未能将二人击倒一样，1979年二人最终迎来了平反与恢复名誉。

罗烽白朗创作研究综述

在历年历代的中国文学史、文学作品的学术研究中，若按地理位置划分，占据主要地位的大致都是古时候的中原地区，而今的江浙地区。东北文学或是与东北有关的文学作品在漫长的中国文学史上一直都处于不温不火的地位。这似乎又与东北的地理位置具有极其密切的联系。东北地区在不同的历史时期有不同的具体划分，亦有不同的名称。如《周礼·职方氏》中云："东北曰幽州，其山镇曰医无闾。"《山海经》中，"东北海之外，大荒之中"，"有山，名曰不咸，有肃慎氏之国"。元朝《大元一统志》说："开元路，南镇长白之山，北浸鲸川之海，三京故国，五国旧城，亦东北一都会也。"由此可见，东北地区在大多数的历史时期都处于"蛮荒"状态，居住着匈奴、鲜卑、契丹、女真等少数民族，并不属于汉族人的主要活动范围。由于少数民族与汉民族语言文字不通，随着这些少数民族的衰落和汉化，并未留下太多有价值的文学作品，因此这一时期的东北地区似乎并没有给学界留下太多可研究的方向。清朝末期以后，也就是近现代对于东北地区有了比较具体的划分，主要指今黑吉辽东北三省和内蒙古自治区东部（即"东四盟市"：呼伦贝尔市、兴安盟、通辽市、赤峰市）。

"清朝末年，清政府在内忧外患的形势下，被迫对东北地区实行弛禁政策，从而促使大量的关内汉族移民来到东北。"①因此，东北地

---

① 贺飞. 清末东北移民及影响 [J]. 吉林广播电视大学学报，2011（11）：156—157。

区的民众数量不断扩大，长期生活在气候较为寒冷、物资较为匮乏的东北地区的汉民族逐渐适应了当地的生活，并开始形成了其独特的"风采"。这种独特的"风采"却又是在特定历史条件下被触发展示的。1931年，日军在中国东北蓄意制造的柳条湖事件，史称"九一八事变"，是日本帝国主义侵华战争的开端，在拉开日本侵华战争序幕的同时也出现了一群充满爱国激情的热血青年，他们用自己年轻的生命、细致的笔触使在那片沦陷了的土地上挣扎着、反抗着、痛苦着的人们跃然于纸上，展现出那个年代、那片土地、那些绝望而坚强的人所特有的"风采"。正是这特有的属于东北人民的"风采"吸引了一代代文学研究者，引起了文学界的关注。东北文学和东北作家群开始逐渐走向中国文学史，得到了学界的认可和支持。

学术界对于东北作家群的研究大多集中于在文学创作中有较高成就的萧军、萧红夫妇，以及作品创作中所体现出的抗战文学以及流亡文学主题等方面。也有不少学者偏好于对一对夫妇创作的研究，他们便是罗烽和白朗。不同于萧军和萧红的半路姻缘，罗烽和白朗可以称得上一对青梅竹马、执手偕老的夫妇了。但相同的是，面对家国危亡的局面时，他们同样选择了挺身而出，用手里的笔与敌人搏斗，展现出家国沦陷时东北人民绝望的挣扎与反抗。接下来，本文将以罗烽、白朗夫妇为东北作家群的代表，把文学界对于二人的创作研究按照时间（1980—2017）划分为三个阶段并进行阶段性的整理和综述。

由于东北文学以及东北作家群创作时间较短且成就相对于南方地区而言较小，所以文学批评领域的专家和学者对于东北作家群所代表的东北文学以及罗烽、白朗二人的创作研究较少，且具有地区分布规律，即研究东北作家的专家、学者较为集中地分布在东北地区，在华北以南地区只有个别的研究者。据统计，1980年至2017年，知网上关于东北文学及东北作家群的学术论文共有2984篇，主要包括对于古代明清时期东北文学的研究和现当代东北文学的学术研究。这些研究不仅包括把东北文学和东北作家群作为研究主体的学术论文，还包括一些不以东北文学作为主要研究对象的学术研究，通常是通过列举东北文学作品、作家进行论证和对比以阐述笔者的论点，如：研究域外文化（俄苏文化、日本文学、朝鲜文化）对于东北作家的影响，研究我国台湾、香港等地区文学中东北文化的影响，研究抗战时期复仇文学的主题。也有部分研究论文中，东北作家群只是作为一个词条而简单提及，并未进行仔细分析。由此可看出，东北文学在中国的文学批评界并不是一个很火热的研究方向。而罗烽和白朗二人的研究论文的数量可谓少之又少，在同一时间段里，知网上与罗烽有关的研究论文有79篇，与白朗有关的研究论文仅有74篇。其中亦有相当多的论文中，只是简单提到二人的名字或者叙述几个与二人有关的例子，并未把二人的创作研究作为论文的主体内容，如：《六十年代作家的待遇》《论东北作家群》《关于"东北流亡文学"的思考》《东北作家群小说创作与东北区域文化研究》。在罗烽和白朗的学术研究中，研究者普遍关注的是他们抗日的思想、流亡的主题、东北的地域特色等。但是较为特殊的是两者研究方向的差异性，白朗作为东北沦陷时期的女作家，除了抗战流亡的主题之外，有些研究者更为关注她处于东北流亡时期的女性视角、女性的独特表达方式和她所塑造的女性世界等。因此，本文以学界对于罗烽和白朗二人研究的主要方向进行综述，以罗烽研究为主，以白朗和东北作家群研究为辅助。

一、抗日文学与流亡文学（1980—1990）

1980年到1990年是文学发展的多元化时期，主要因其受到了多种社会历史因素的影响，这一时期的文艺工作既不可避免地受到"文革"以及之前十七年文学创作研究局限的影响，又受到新时期思想解放、创作研究自由化的影响。在1980年之前，我国文学创作主要分为十七年文学和"文革"文学两个时期。20世纪五六十年代的十七年文学主要以歌颂和弘扬革命精神，描写1949年后的新风貌、新事物、新人物为主。而"文革"时期，我国政治动乱，文学完全成为宣传政治理念的工具，"革命样板戏"就是这一时期文学形式的重要代表。虽然在文学创作中有优秀作品出现，但是创作的题材和主题单一而浅显，这对20世纪80年代初文学作品的创作研究也有一定的影响，导致文学批评的表面化、浅层化。1979年10月30日至11月6日，中国文学艺术工作者第四次代表大会召开，标志着中国文学的历史性转变。在第四次文代会上，邓小平对于文艺工作的一系列问题进行了科学阐释："党对文艺工作的领导，不是发号施令，不是要求文学艺术从属于临时的、具体的、直接的政治任务，而是根据文学艺术的特征和发展规律，帮助文艺工作者获得条件来不断繁荣文学艺术事业，提高文学艺术水平"[①] "在文艺创作、文艺批评领域的行政命令必须废止"[②]。粉碎"四人帮"、改革开放、第四次文代会、中美建交等诸多因素促进文化发展。

1980年至1990年这一时期，文学批评界对于罗烽、白朗的研究以及东北作家群的研究相对较少，知网上共有论文70篇，其中与罗烽创作研究有关的论文共有13篇，与白朗的创作研究有关的论文共11篇，对于东北作家群和东北文学的创作研究共有56篇，在其他作家或者文学流派的学术论文中，提到罗烽和白朗的共有12篇。这一阶段，"文革"刚刚结束，文艺工作的方针虽然改变了，但是文艺批评和创作研究仍然较为浅显和单一。文学批评界对于罗烽和白朗的创作研究主要集中于二人的创作主题和思想内容。以董兴泉的《论罗烽的小说创作》一文为例，这篇文章便从罗烽小说创作的思想内容特征和艺术风格两方面对罗烽的创作进行研究和揭示。在思想内容方面，"首先一点是作品的革命现实主义深度和强烈的时代感，爱国主义思想感情和崇高的革命理想，是贯穿他早期创作的一条红线""其次，把表现民族矛盾和阶级矛盾，把反对帝国主义和反对封建主义紧密地结合起

① 邓小平. 邓小平文选（第2卷）[M]. 北京：人民出版社，1994：170。
② 邓小平. 邓小平文选（第2卷）[M]. 北京：人民出版社，1994：213。

来，使有胆有识的爱国志士和穷苦的劳动人民看到斗争的目标和未来的希望"另一个特征，是文章哀而不伤，凄惨而悲壮，凝重而又充满热望……始终以共产党员的姿态，站在民族解放战争的第一线……一手拿枪，一手拿笔，以战士身份进行英勇斗争"。用作者自己的话来讲："是在国破家亡、耻结辱殁的年代里，虽未做到'我以我血荐轩辕'，但总算用笔墨泼绘了灾难深重的亿万人民的挣扎、呐喊、愤怒、厮杀与拼搏的身影。那个年代海盗横行，卖国贼当道，写作毫无自由。"不难看出，这一阶段研究者主要是从其创作的时代背景出发，提取出作品中作者集中想要表达的思想感情并结合作者的自述对创作的主题思想进行揭示。在艺术特色方面，文中也举了具体的作品，进行较为详细的分析，但相对而言都较为浅显，没有较高的文学深度，如：作品主题开掘深；题材广泛，形象各异；风格深沉细腻，语言富有哲理；叙述风格明净、清新、质朴。尽管不同的学者从不同角度对二人的创作进行研究，但是学界的主流研究方向仍然停留在抗日战争时期革命战士的反抗与斗争的主题上，称之为"抗战时期社会的一面镜子，革命战士肺腑的战歌"。由此看出，20世纪80年代至90年代，研究者对于罗烽和白朗创作研究主要侧重于作品中的抗日和革命的主题思想，而对于其创作的语言、风格和技巧等艺术特征仅进行了较为浅层次的分析。另外，这一阶段文学批评界对于东北作家群的集体研究较少，集中指向为东北作家创作的乡土色彩和流亡者的反抗主题两个方面。主流研究仍然侧重于东北作家单人创作的研究工作。在部分研究萧红、萧军、端木蕻良的学术论文中会提到东北作家群的创作。

二、传记创作与群体性研究（1991—2000）

20世纪90年代，文艺批评界对于罗烽和白朗二人的研究成果虽然不多，但具有一定的特殊性，这种特殊性集中表现为作家传记的大量创作，据统计，这一时期罗烽白朗的研究论文共有15篇，其中作家的小传创作共有6篇。这种现象主要是因为当时的特殊背景。首先，不得不提的是20世纪90年代以来文学发展的大的时代文化背景。20世纪90年代，随着市场经济的逐步确立，商业文化迅速崛起，主流作家、严肃文学渐渐处于边缘化地位，中国知识界爆发了一次全国性"人文精神大讨论"。"'人文精神大讨论'是中国20世纪90年代的一场极具轰动意义的学术热点，当时的一些学者和作家，出于对社会和文学的责任感，又不甘心自己启蒙角色的失落，希望通过唤起'人文精神'来重塑理想，重建严肃高尚的文学，拯救当下中国人的文化和心灵危机……在'人文精神大讨论'中，文学批评家对文本的审美研究已经不再是唯一使命，他们从不同的学科背景出发进行文本分析，使文学批评散发出社会各个领域的气息，这种转向社会文化的批评形态在90年代成为文学批评真正的主力军。"[①]这种"人文精神大讨论"奠定了当时整个文化背景的基础，不仅对于作家创作的主题和目的具有重要影响，对于当时的文学批评界同样具有一定的影响，文学批评家开始增加对严肃高尚文学的关注和研究，同时也对一味迎合大众审美需求的庸俗的商业化文学创作进行批评和讽刺，从而达到大众人文精神重建的目的。另一个特殊的背景便是作家罗烽和白朗的逝世。1990年和1991年白朗和罗烽先后因病在北京逝世。正是这两个特殊的背景，促成了作家小传的涌现。

文学批评界对二人传记的创作大致分为两类：一类是常规的传记创作，即对罗烽和白朗二人的生平、创作、重要的贡献进行综述。另一类传记创作其实是用传记的形式来对二人在反右派斗争，"大跃进"及"文革"时期所遭受的污蔑和背负的骂名进行平反，为其正名，如《罗烽、白朗蒙难记》《雪上加霜的日子》《罗烽、白朗在延安》。传记创作的目的与当时的时代背景有密切联系。就一般性记录

① 宋飞. "人文精神大讨论"背景下的文学批评论述 [D]. 闽南师范大学硕士学位论文，2016。

生平、分析作品的传记创作而言，其中一部分原因是因罗烽、白朗二老逝世，传记的创作等同于对于其的追忆和纪念，而另一部分原因其实可以理解为当时的作家和学者对罗烽和白朗的一种文化认同感。罗烽和白朗都是辽宁沈阳人，从小在东北长大。罗烽在青少年时期较早地接受了"五四"以来的革命思想，1929年加入中国共产党，同年与白朗结为夫妻。九一八事变后，在罗烽的思想影响下，白朗积极参加抗日工作。罗烽、白朗夫妇以及当时东北的青年工作者萧军、萧红、舒群等在"新京"（长春）《大同报》、哈尔滨《国际协报》创办大型文艺周刊《夜哨》《文艺》等，此时二人初步显示艺术才华。1934年，罗烽被捕，次年在党组织的帮助下无罪释放。1935年7月，罗烽、白朗参加左联，之后二人辗转多地为抗战服务。在此期间二人创作了大量作品，诗歌、小说、剧本等体裁均有创作，代表作品有：罗烽的长诗《碑》三部曲，中篇小说《归来》《莫云与韩尔谟少尉》，长篇小说《满洲的囚徒》；白朗的短篇小说集《伊瓦鲁河畔》等。抗战结束前期二人长期为抗日战争的宣传工作服务，对东北的文化建设和文学发展做出了可贵的贡献。1957年罗烽被错划为右派，"文革"期间，罗烽与白朗共同遭到迫害。十一届三中全会以后，二人沉冤得雪。罗烽和白朗是抗日战争时期具有时代责任感和使命感的热血青年，他们是时代精神的象征，是主流文学和严肃文学的代表，学者对于二人传记的创作实际上是在对二人文化认同的基础上予以推崇，以这种方式帮助人类人文精神的重建。而另一种形式传记创作，如《罗烽、白朗蒙难记》创作的主要目的我们之前已经提到，就是为了"释冤"，为了正名。但这类传记中除了侧重于对二老蒙冤的揭示之外，与常规性传记相比仍有较为特殊之处，那就是，这类传记的创作者基本上不是文学批评界的专家和学者，而且这些传记中很少涉及罗烽和白朗的创作道路和文学活动，在"释冤"的过程中，侧重表现的是罗烽和白朗在革命工作中的贡献，以及在反右派运动和"文化大革命"时期二老作为文人所面临的困难处境以及所遭受的非人迫害。另外，对于白朗单人的创作研究，开始注重其女性的写作世界和女性文学的独特表现手法。在关于其他东北作家、伉俪的研究性文章中，也曾多次提到罗烽和白朗的名字。

这一阶段，文学研究者在集中悼念、追忆二老一生的同时，也开始对东北作家群进行群体性研究。知网在这一阶段共收录了102篇关于东北作家群的学术论文，其中有10篇提到了罗烽和白朗的创作，但几乎都是就其表面的思想内容进行阐述。如在《论东北沦陷时期的小说》一文中提到："作品把矛头指向日本侵略者而展开，同时表现了作家罗烽的大胆反抗精神……总之，罗烽在抗日文学兴起时做了很多工作，写了不少作品，小说数量虽然不多，但是抗日的内容为以后小说的创作起了很大的促进作用。"对于东北作家群整体的研究也主要侧重于创作的思想主题以及在当时对于反帝反封建和唤醒全民族文化意识、文化自觉的贡献等方面，"东北作家群最早描绘了东北沦陷区人民的苦难和斗争，特别是武装抵抗帝国主义侵略的作品比较贫乏的局面，开辟了现代文学题材的新领域"。除了研究东北文学中的抗战和流亡主题之外，还有相当多的文学批评家开始关注东北作家群的创作与东北的地域文化和乡土人情之间的关系，如《萨满教文化因素与东北作家群创作》《日神文化与东北作家群的创作》。其中最具东北特色的还要数一些学者对于黑土地文化和东北作家群笔下那些具有顽强的生命意识和性格强力的农民形象的研究，他们指出正是"由于那辽阔而蛮荒的东北大地及由此构成的生存环境，熔铸锻造了东北农民极其顽强的生命意志"。

三、文化的继承与现实主义的精魂（2001—2017）

2000年以来，随着我国现代科学技术、网络技术、综合国力各方面的增强，文化发展水平不断提高，在文学创作和文艺批评领域也出现了新的方向。就文学创作而言，新世纪以后互联网技术的提高和市场经济的发展，使网络文学和大众文学成为文学创作的主要方向，那么文学创作的主体就由之前的文学领域的学者、专家逐步变成了以写作作为职业的网络写手，他们追求的并不是文学作品的深度、真实度，而是当代社会大众的审美需求。也就是说，当代文学创作不再重点关注作品的文学性，而是集中表现作品的通俗性，需要满足市场对于文学作品的需求。由此也可以看出，这一时期的文学创作具有最大限度的自由性，或更贴近于现实生活，或充满想象、荒诞不经。文艺批评、文学研究领域也表现了不少新世纪的时代特征。"在对社会历史批评的正名和超越、对西方文学理论的批评和借鉴、对文学批评新模式的探索等潮流的驱动下，花样繁多的文学批评样式应运而生，风格各异的文学批评文本层出不穷。"[①]不少文学批评者在向中国传统文学批评形态回归的同时，开始关注西方的文学理论和批评方式，把中国传统的社会历史批评与西方现代和后现代各种各样的文学理论进行融合，以此作为文学批评、学术研究的依据。

新世纪以来，经济水平提高，综合国力增强，文化水平发展以及上面所提到的一系列时代背景，在文艺批评方面集中表现为：研究数量增多，研究水平提高，研究更加注重思想深度和艺术技巧的挖掘。2000年至2017年这一阶段，知网上有关罗烽的学术研究论文一共有48篇，有关白朗的学术研究论文一共有55篇。研究东北作家群的学术论文共有553篇，在研究其他东北作家或者同时代革命作家的学术论文中提到罗烽和白朗的共有32篇。这一时期由于文学批评界对于西方文学理论的关注，所以在罗烽和白朗的学术研究中除了对其思想内涵进行了更深层次的剖析外，更加关注二人文学创作的艺术手法和艺术表现方式。在研究者看来，在思想主题方面，罗烽和白朗的创作仍然是以抗战文学为核心主题，表现出了鲜明的时代责任感和爱国主义精神，揭示了东北人民在日本侵略战争中的巨大灾难和顽强抵抗，但

---

① 高震. 新时期以来文学批评的反思与重建 [D]. 陕西师范大学硕士学位论文，2000。

批评家往往会进行更深层次的挖掘。如研究者在研究抗战文学的主题时，除了理解二人作为文学家的立场之外，还意识到了二人的政治身份，明确了二人的政治立场。在理解了二人政治家和文学家的双重身份之后，对于其文学创作的出发点和中心思想自然会有更深刻的理解。"在同日本帝国主义的抗争中，国人表现出的崇高气节也是罗烽致力于揭开的内容。抗战是一种旷日持久的浩大战争，不仅需要身体的勇力、物质的支持和战争的智慧，更需要民族精神的有力支撑。这是作为抗战文艺领导者的罗烽所做出的一种深度判断。"①罗烽作为当时抗战文艺工作的领导者、反抗日本侵略和革命精神的宣传者，在表现东北人民苦难的同时更加注重民族精神、反抗精神的建设，铸造了一系列具有崇高的民族气节、与敌人进行抗争的英雄形象，以此激起民众的爱国精神和反抗精神。在语言方面，学者也从其特殊的政治身份进行分析。在《空军陆战队》中，中国空军高级军官慰问战俘时，这样说道："日本帝国主义的统治者侵略中国，不是利用了近代的武器，那是利用了成千上万的出身朴实，被压迫着的日本平民的血肉！这些满足自己的欲望，满足自己血统的欲望的自私家，残酷的刽子手们，才是中国直接的敌人，才是中国真正的敌人。诸君，人类是厌恶战争的，没有一个人愿意拥护战争，破坏和平……诸君，请回答我，中日间的和平是谁破坏了呢？……中国吗？日本吗？"研究者从这一段话中，挖掘出其表达的政治功利性，具有政治宣讲的色彩。除此之外，我们也可以看到当时中国军队对于日本战俘的处理方式和基本态度。研究者从罗烽的双重身份、立场去研究罗烽的创作的思想内容、写作目的和语言特色，与之前的研究相比更加新颖，研究的层次更深，也更具有说服力。在艺术手法方面，研究者不再是简单地从语言表述、人物形象等方面进行表面探索，而是结合西方的文学批评理论对作品进行剖析，如部分学者从其创作方式，即艺术手法上开始注意

---

① 范庆超.""政治—文化"家二重身份下的抗战表达——论罗烽抗战时期的小说创作》[J]. 大庆师范学院学报，2013（1）：72。

到了其小说创作中的现实主义手法。"现实主义文学侧重如实地反映现实生活，客观性较强，它提倡客观地、冷静地观察现实生活……五四新文学运动以来，直面现实人生、反映社会生活的'为人生的艺术'因为真实地勾绘中国社会变革时期的动荡、彷徨，人性的复杂性、深刻性，对社会黑暗现实的批判性、暴露性而受到足够的重视……东北作家群在20世纪30年代的集中亮相恰恰承继了五四新文学的现实主义传统，将民族危亡之时的土地与人民的生存现状，作为他们创作的精神根基……罗烽的创作正是立足于这样的现实主义精神根基。……想要改变国家民族受压迫受屈辱的现实，他们势必运用科学的世界观来分析中国社会的现状和时代前进的方向。正如罗烽一班东北作家群作家受生活的独特馈赠，是将'感性'与'理性'巧妙结合的现实主义创作，其厚重的生活底色与先进的理念之间二者的张力十足，缺一不可。"①现实主义在我国文学创作中是最常见的手法，研究者就广阔的历史背景，罗烽、白朗及东北作家群文学创作的目的和二人对五四时期文学创作的传承关系，来判断其文学创作的艺术手法。对于白朗的小说创作研究，学者更多地从女性书写和小说创作的审美风格两个方面进行研究，从语言和结构进行分析。"认为白朗擅长运用中国传统叙事和西方心理展示相融合的小说结构，语言直白、粗犷、明快，表现出强烈的东北文学创作的美学特质和意蕴，形成了独特的审美风格。"②新世纪以来，文学研究者更加注重对罗烽和白朗文学创作中的艺术手法和审美风格的挖掘，无论是在作品的思想主题，还是创作手法上，研究者都进行继承和创新。在以往对罗烽和白朗研究中心进行更深层次的挖掘，或者是从一个更新颖的角度对其写作进行研究，且研究者或多或少地受到西方文学的影响。

---

① 王宁. 历史尘埃下的现实主义精魂——论罗烽的中短篇小说 [J]. 兰州文理学院学报（社会科学版），2016（5）：90—91。

② 杨晓莉. 论白朗短篇小说创作的审美风格 [J]. 大连民族学院学报，2008（6）。

新世纪以来，越来越多的学者开始对东北作家群进行集体性研究，学界对于东北作家群的认知不再仅仅局限于抗战文学和流亡文学两个主题之下，他们开始从更广阔的领域对东北作家群、对东北文学进行研究。由于东北作家群受到五四时期新文学影响较大，许多研究者把东北作家群的创作看成五四新文学的一种延续。在五四文化承继的研究方向之下，有部分学者关注鲁迅先生小说创作对于东北作家群青年作家的影响。鲁迅先生作为中国现当代文学的领军人物，在五四新文化运动中起到重要作用，他的文学创作精神对当时的青年产生广泛而深刻的影响，不仅是在抗日战争时期，在20世纪八九十年代，即使是在今天，鲁迅的小说创作对于作家的文学创作仍然具有一定的影响。而且东北作家群中的两大文学创作主力——萧军和萧红，与鲁迅先生具有师生之谊。那么东北作家群的形成与发展与鲁迅具有密不可分的联系，这是有所考究的。研究者主要从鲁迅创作的目的——社会功利性和时代责任感，文学作品的表现手法和艺术观念，以及鲁迅先生所塑造的知识分子和农民两大人物形象三个方面来谈鲁迅作品对东北作家创作的影响。还有部分学者把研究方向直接指向东北特殊的地理环境及其特殊的乡土文化。逢增玉在《东北作家群创作的乡土色彩》一文中，就曾指出作家在创作过程中所表露的乡土痕迹，不仅仅是偶然的，在很大程度上是作家故意为之。端木蕻良说过："在创作过程中，追求四种东西：风土、人情、性格、氛围。"遵循"三分风土能入木，七种人情语不惊"①的创作原则。这种创作原则在其他东北作家的文学创作之中也均有表现，如端木蕻良的《科尔沁旗草原》和《大江》中的萨满跳神文化，萧红《呼兰河传》中东北寒冷的气候、放河灯、逛庙会、演野台子戏等具有地域性特色的乡土文化。但是研究者发现，这些民风习俗在东北作家的作品中，并不是想要单纯表现东北地区的乡土人情，而是具有一定的直接现实功利性。"在萧红的

---

① 端木蕻良. 我的创作经验 [J]. 万象，1994（4）。

小说中，呼兰河小城百姓请大神跳大神的直接目的，是为了祛病治病，禳灾解难；端木《大江》中的跳大神目的，也是为了青年农民铁岭的母亲祛病消灾。当然在作为现代知识分子萧红的笔下，虔诚而盲目地相信跳神所具有的超自然的神奇力量，予以顶礼膜拜，期冀借此祛病禳灾，达到某种世俗目的，是愚昧可笑的，是加重呼兰河人精神蒙昧，加重国民性病态、阻碍其生命觉醒和'人'的解放的沉重情力。"①作品中的人物想通过跳神祛病禳灾，而现实中的作者则是通过书中呼兰河人的愚昧迷信而达到启发民众的现实功利目的。这也就构成了学者口中乡土文化的双重现实功利性。学者除了对东北作家群作品中的东北民族风情和乡土色彩进行研究之外，还对其中的一些域外文化进行挖掘，如俄苏文化、萨满教文化、白俄文化。这一时期学界对于东北作家群作家作品的研究，挣脱了对于传统的抗战文学和流亡文学的主题性研究，深入作品的字里行间，挖掘出了作品中的民族乡土文化，对于东北民俗民风的研究具有一定的贡献。

我国文学批评的发展方向和文学创作活动随着时代背景和历史文化的变化而变化。1980年至2017年，文学批评和文学创作呈现相应的时代特征。文学批评界对于罗烽、白朗以及东北作家群的研究经历了一个由表及里、由浅入深的过程，文学研究的数量也不断增多。对于罗烽、白朗、东北作家群及东北文学研究的成果由起初的较为浅显的抗日流亡文学，到作家传记创作和东北作家群地域文化研究，再发展到对于艺术创作手法、风格、核心主题多角度的挖掘和剖析。这一系列文学批评和研究在表现对于东北文学和东北作家的逐步理解和认同的同时，也从侧面表现了我国文学批评的发展。

---

① 刘小萌，定宜庄. 萨满教与东北民族［M］. 长春：吉林教育出版社，1990：146。

中编
白朗创作研究

白朗中篇小说创作研究

　　白朗是我国比较有名气的女作家，原名刘东兰，生于1912年，她曾经使用过刘莉、弋白等笔名为《文艺》《夜哨》等刊物撰稿。①白朗的小说数量较多，中篇小说主要有《老夫妻》《四年间》《为了幸福的明天》《战地日记》四部作品，收录在《白朗文集》中。对于白朗的研究在20世纪晚期才开始兴起，数量并不多，涵盖的方面不全，分布也十分零散，并没有形成完整的谱系。最早在研究中提到白朗的是王纯平，但是王纯平是在东北作家群中以罗烽、白朗夫妇为叙述主体进行介绍，主要叙述了二人一生的创作经历，并没有对白朗的创作进行全面阐述和系统评价。刘为钦、罗怡平在《被解放的女性——重读白朗〈为了幸福的明天〉》中，对白朗的研究重点也是集中在中篇小说——《为了幸福的明天》之中，主体上也是对主人公邵玉梅这一人物形象进行研究；刘爱华在《冲突着的女性世界——从白朗的小说创作谈起》中，根据白朗的《四年间》和其他作家的若干篇散文，从女性创作的角度对白朗的小说风格进行了分析。迄今为止对白朗的研究虽然数量逐渐增多，但是并不可观，大多数研究还停留在对白朗本人活动经历的追述考证，以及对于白朗个别作品和历史事件的简单分析，并不全面深入。白朗作为东北作家群中为数不多的女作家，其代表作品有着女性作家特有的视角和细腻的语言，最近被文坛关注。

---

　　① 杨澄宇，赵则训. 白朗 [J]. 当代作家评论，1984（2）：124。

一、女性视角下的爱国情怀与革命热情

"东北作家群"是中国文学史上的"流亡"群体，爱国是其创作主题之一。白朗作为东北作家群成员，以女性细腻的笔触对自己内心澎湃的爱国情感做了深刻的描摹。

（一）爱国思想的形成：《老夫妻》

白朗同许多东北作家群中的作家一样，是用对祖国和家乡的热爱之情来进行创作的女性作家。她四部中篇小说的主题大致可以分为以下几类：抗日战争时期对祖国命运的关心；解放战争时期投身祖国建设的热情；对改造国民性的迫切要求；强烈的斗争精神和女性的成长；等等。每一部中篇小说的主题思想都各不相同，但又互相渗透、掺杂在一起，在各自内部不相同的特点中又能够彼此协调有序地统一。无论白朗创作的主题如何多变，"爱国"这一主题却几乎始终渗透了白朗创作的方方面面。

白朗作为一个土生土长的东北人，家乡肥沃的黑土地和淳朴的人情人性是她创作灵感的源泉，她的文字体现了勃发的创作激情和斗争意识。白朗早期的作品通常反映东北人民生活的惨痛和斗争的壮烈，展示东北地区人民的勃勃生命力和顽强不屈的斗争精神，并以此对祖国和人民进行热情洋溢的歌颂。这也是东北作家群的创作主题之一，体现了东北的人情人性和文化特征。王纯平在《论三十年代东北文学的崛起》中概述20世纪30年代东北作家群的特点时对白朗评价道："她的作品富有时代性的革命内容，洋溢着浪漫主义的气息。"[1]

战争期间，白朗写出许多具有浓郁爱国气息的作品。在中篇小说《老夫妻》中，地主张老财的个性转变体现了当时很多国民的心理变

---

① 王纯平. 论三十年代东北文学的崛起 [J]. 辽宁师范大学学报（社科版），1989（3）：49。

化过程。在文章的开始，张老财是一个极度吝啬、古板守旧而又固执自负的地主。"他爱财如命，他绝不肯让别人占去自己的所有物。"①"金钱是他的灵魂，房产就是他的躯壳，除此之外，就是那时刻响在脑壳里的算盘。"张老财只是看重自己的物质利益，希望能够守住祖宗传下来的家产，对于"什么是革命"毫不关心。村子里的革命同志宣告日本军队来了，要村民赶快撤离，只有他一个人"没有被这险恶的浪潮波动他的心"，只是"悠闲地含着他的长烟袋，一个人坐在台边的大树根子上，像一个观众在看着这幕悲剧序幕的演出"。但是当所有人都撤走了，只有他一个人在村子里面对来犯的日本兵的时候，面对敌人烧杀抢掠的种种暴行，他的思想开始逐渐转变，由最初的冷漠麻木变成了决意向日本兵复仇。前来帮助他的革命战士孙老二和其他同志在他家与鬼子进行殊死搏斗，并利落地杀掉了住在他家里的鬼子，最开始，在面对这种惨烈的战斗情形，他的内心还是"抱着无限的恐怖与憎恶"，但是当战斗逐渐展开时，张老财的内心却"开始在胸腔内翻腾"，并且在亲眼见到孙老二打死了一个敌人的时候，他情不自禁地大喊出声："孙老二，打得好，打得好呵……"战争使张老财的爱国思想真正得到了升华。张老财的思想转变也正是当时中国许多农民思想转变的写照。他们没有多少文化，只是关心自己能够得到的土地、财产等实实在在的利益，对于国家的命运走向和自己将来的目标漠不关心，这是农民阶级的局限之一。但是在面对侵略者的铁蹄和八路军的英勇抗争的时候，在与先进的阶级、人物进行接触的过程中，农民的思想会开始变化，这时他们的爱国之情就会涌现。对落后人物的转变进行表扬，对人们的爱国之情和斗争精神进行歌颂，是白朗作品重要的主题之一。

（二）对国民性问题的思考

类似萧红在《生死场》中对国民性的批判，白朗在中篇小说中也

---

① 白朗. 白朗文集（2）[M]. 沈阳：春风文艺出版社，1985：15。

以她独特的女性思维和细致的笔触对中国人的国民性进行了冷静的思考与刻画。萧红在《生死场》中批判封建迷信，比如有很多农民出门看到锄头就觉得不祥；白朗在《老夫妻》中塑造的张老财便是值得思考的人物典型。张老财自私冷漠、麻木吝啬，一个寡妇和她的母亲顾大娘被日本兵抓到他的庄上，在寡妇求张老财杀了自己的时候，面对鬼子的刺刀，他自私地选择了沉默；在看到寡妇被日本兵强暴致死的时候，张老财并未产生一丝的爱国之心和对日本侵略者的痛恨之意，也没有觉得寡妇的遭遇值得同情，只是觉得"那寡妇未免有点愚蠢，叫骂了一阵，终究还是死，而死后还没有落得个清白之身……"这说明张老财本身的个性中也有冷漠麻木的成分。张老财的爱国热情不是主动产生的，是在鬼子糟蹋了他庄上的粮食和牲畜之后，并且在革命同志的劝导引领下才被动产生的。中国国民性中的吝啬和冷漠在张老财的身上也有体现。他的家产除了一片田园之外，还有六株柿子树。"他每天不厌其烦地数着柿子的数目，这是他没有事做的时候唯一的消遣。"但是他又不想把这些果实送人。在他看来，这些果实"虽是一种烂贱的东西，但他总不愿白白地给人"。面对着心地善良、乐善好施的妻子和儿子，张老财觉得自己作为一家之主的权威受到了挑战，他对他们的评价是"一个'铁扫帚'老婆，一个'败家子'儿子"；他认为儿子的性格如此"败家"是因为接受了教育的缘故，所以不给孩子交学费，并且说服了村子附近所有的私塾不收自己的儿子当学生，想引诱儿子抽大烟，希望通过对鸦片的控制进而控制儿子的行动和思想。在被妻子发现之后，张老财把妻儿逐出家门，最后过继了族中安于享乐不求上进的年轻人作为自己家产的继承人。正因为他对自己的家人都如此吝啬与冷漠，所以他后来家庭破裂了。

（三）东北地域文化特色与安土重迁思想

东北文学与中原地区、南方地区的文学比起来具有一定程度的异质性。这种异质性的根源在于东北特殊的地貌和自然景观。东北位于中高纬度，地广人稀，冬季酷寒，农作物生长周期较长。特殊的地貌要求人们的生产生活方式与中原以及南方地区普遍实行的男耕女织不同，需要采用原始的渔猎方式；酷寒的气温要求人们拥有健壮的体格，与中原地区不同的渔猎生产方式要求人们要有集体协作的能力，原始的基因导致了东北人民集体主义精神和尚武的特质，显现了积极进取、不屈不挠的价值观，这种人生态度显现在行文风格上就是粗犷豪迈而又晓畅明达，具有东北人民特有的乐观主义精神；作家与作品显现出明显的外倾性，与南部地区文学家细腻、温婉、含蓄的文风不同。

白朗作为东北作家群成员，她的作品中或多或少掺杂着对东北文化、人民性格等方面的描摹，如同风俗画一般。作为东北作家群中创作较为活跃的一员，白朗的描写还充满了浓郁的地域特色。李春林在《抒写苦难，书写光明——论白朗的文学创作》中说道："无论是语言还是具体情节，都满含着关东风情，苍茫旷远的大地，不幸而又不甘不幸的人民的命运交相融会，形成了苍凉、悲壮的美学风格。"① 这一点从《老夫妻》中的景物描写可见一斑："广场、草径、房院外的以及走向山里的大道上，都还遗留着牛马的粪便。麦粒，谷子，牲畜的草料，鸡鸭的羽毛……分散地，点点滴滴地，在到处飘零着。"② 与山水田园派作家单纯的写景叙事不同，虽然在平淡的意象之中并未选用生动的形容词，仅仅是轻描淡写的描述，但是白朗却能够通过直白的描写不断蓄力，在视角的转移之中展示出东北地区辽远广阔的生存图景，有一种粗犷原始的力量之美，渲染了战争来临之前山雨欲来风满楼的压迫感，是具有东北特色的"田园牧歌"。王心颖、陈永禄在《野性的抗争与奔放的激情——试论东北精神对白朗早期短篇小说创作的影响》中论述道："作为进步作家，她把小说创作视野聚焦于东北广大民众生活，关注民族国家命运，

---

① 李春林. 抒写苦难，书写光明——论白朗的文学创作 [J]. 鸭绿江，2014（8）：95。

② 白朗. 白朗文集（2）[M]. 沈阳：春风文艺出版社，1985：40。

以深沉的笔触展示东北沦陷区广大民众的痛苦生活和不屈抗争。"[1]

在《老夫妻》中，白朗细致地描绘了东北地区，甚至是北方地区人民固有的安土重迁思想，虽然没有直接批判，但是精妙的细节描写已经表达了作者对于这一思想的态度。在听到需要通过搬家来躲避日本士兵时，一个寡妇绝望地想要留下来，让日本兵将自己杀死，只是因为除了孩子之外，其他东西全都无法带走。"我顶多抱起我的孩子，牵走我的牛，那些小米，那些破衣烂被和犁耙，我能拖得起吗？不带走，我怎么能活得了呢？"政治员刚刚安抚完这个寡妇，其他人又聒噪起来："我不能走，再有十多天，我的麦子就要收割了，多么成实的米粒啊……"安土重迁作为我们中华民族的一个传统思想，表明了我们祖先的生活态度。因为中国古代封建社会实行的是自给自足的自然经济，人口以农民为主，而农民日常的生产生活离不开土地，所以对土地产生了原始的简单的崇拜之情。这就有了人们不愿离开故园的想法。在小说之中，人们在村庄里生活平静安逸，所以一旦有变故，之前平静单调的生活状态被打破，农民就会因为不适应生活突然转变而变得无所适从。有很多人是因为不愿离开居住已久产生感情的地方，但是更多的人是因为不肯放弃已经拥有的（甚至可能是不必要的）东西，这几乎是人们的通病。白朗通过对这一情节的设置，让我们窥见了纯朴的东北农民性格的一角，看到了他们性格之中的一点局限。

（四）落后人物性格的转变

人无完人，因为成长环境、教育程度、生活境遇不同，每个人的性格都会发生不同的变化，这种变化可大可小，或许只有一小方面，或许趋于极端。白朗对落后人物的转变进行了细致而传神的刻画。张老财本是个吝啬麻木而又安土重迁的地主，非常吝啬自负，带有封建大家长式的独断专行的性格，但是在经历乡亲搬迁、日本兵侵入、寡

---

① 王心颖，陈永禄. 野性的抗争与奔放的激情——试论东北精神对白朗早期短篇小说创作的影响 [J]. 吉林建筑大学学报，2015（2）：119。

妇母女惨死等环境的不断变化，以及在革命同志的不断引导帮助和自己妻儿的鼓励影响下，张老财由吝啬麻木的封建地主形象成长为一个热爱祖国、毁家纾难的老人，主动烧掉自己的房子来帮助八路军战士消灭敌军，甚至最后为了掩护抗日同胞献出了自己的生命，在临死时把自己仅剩的一些钱全部留给了八路军战士购买给养。白朗1949年后写的作品《为了幸福的明天》也是如此。邵玉梅本来是标准的农民阶级，在家中由于是女孩，被重男轻女的母亲虐待，大嫂嫁进来的时候觉得玉梅会吞自己的家产，也对玉梅指桑骂槐，冷嘲热讽；被母亲罚到外边捡柴的时候，玉梅被一起捡柴的伙伴欺负；在日本宪兵的农庄里做农工的时候，被日本兵欺凌虐待，还被扇过好几个耳光。玉梅的性格自卑内向，但是在两位哥哥的帮助下进入工厂之后，结识了优秀的党员、干部，在大家的帮助和鼓励之下，玉梅掌握了文化知识和专业技术，最终变成了一名优秀的工人，得到大家的认可和尊重。在对落后人物的转变进行描写时，白朗善于运用大量的心理描写和细节描写，来细致地表现人物性格转变的过程，具有女性作家细腻的笔触和敏锐的洞察力，以小见大。

二、1949年之前女性视角与女性心理：《四年间》

五四运动以来，女性的命运问题一直为人们所关注。许多著名作家都写过一些作品，来表达自己对女性命运的思考。白朗也写出一些作品，其中《四年间》是最为典型的代表。

（一）对女性命运的思考

对女性的特别关注是白朗行文的一个重要主题。在白朗的小说中，对妇女的描写占有相当的比例。这和她女性作家的身份、个人的经历和对祖国人民的关心不无关系。白朗作为东北作家群中为数不多的女作家，以女性特有的细腻笔触和对情感恰到好处的把控见长，写出了许多较为优秀的作品。刘爱华在《冲突着的女性世界——从白朗的小说创作谈起》中论述道："白朗同其他一些女作家一样写了一些反映女性人生历程心灵自省和自我抒情的小说……这些小说可以说是她自身情感经历特别是她作为一个女性的人生经历的真实再现，其鲜明的性别特征以及情绪流动表现出了白朗对女性身份和命运的省察和思考。"① 因为白朗的小说具有一定程度的自传性质和抒情特质，她的中篇小说就在心理描写和情绪流转上有作为女性作家的独特特点。像《四年间》的女主人公黛珈，就是其中一个极为典型的例子。白朗用细腻的笔触描写了女性关于"家庭"和"工作"的两难处境，在"生育——孩子夭折"的苦闷与工作时的快乐这两种不同处境中着重描摹了女性极度复杂的矛盾心理。环境描写、典型环境下的典型人物塑造是她作品的又一重要特征。

《四年间》讲的是知识女性的出路问题。五四运动之后，中国社会风气不断开化，妇女地位不断提高，她们要求提高自身地位和获得合法权益。《四年间》中的黛珈就是如此。在文章的开始，她和矢野自由相恋，但是因为要完成学业，所以黛珈希望晚一些完婚，最终因为拗不过矢野，两人结合。黛珈原本希望在婚后立刻完成学业，却因为婆婆的极力反对而陷入僵局，最后又因为她的怀孕而没有实现。所以黛珈深感痛苦，觉得"一切从此完结，希望幻灭了，前途是无涯际的黑暗"，诅咒："结婚是女人堕落的路，是女人的陷阱，是埋葬女人的坟墓！"孩子一出生，伟大的母爱使黛珈的生活重心倾向了可爱的女儿。但是女儿在一个多月的时候因为寒症夭折，黛珈的身体也变得愈加孱弱。黛珈多次怀孕，但是孩子都因为出生便患有寒症导致早夭。黛珈的生活就在孩子与学业之间不断地抉择，当她第三个孩子去世，所有人都劝慰她节哀顺变的时候，黛珈内心空洞，觉得自己最美好的四年时光都白白浪费掉了。

白朗作为东北作家群中的女作家，她内心的情感与小说中的黛珈

---

① 刘爱华. 冲突着的女性世界——从白朗的小说创作谈起 [J]. 辽宁大学学报（哲学社会科学版），1999（6）：61。

一样复杂。作为爱国作家，她极为迫切地想要"到前方去"，但是因为孩子的降生和生活的琐碎繁杂而变得不坚定。"勃在牵引着我走向那条光明的路，而孩子拖着我留在黑暗的僻巷里。工作、孩子、孩子、工作，直到现在还不能自决。""最难割断的是'母子之情'，最难解决的是家庭的'生活问题'。"再加上当时战争爆发，作为有为的爱国青年女作家，家里的老人却"胆小多虑，没有一点儿主意"。在两难的境地中，"正因为母子之情难以割舍，生活问题无法解决，虽然我的期待随时都有实现的机会，而我却永远也不敢向那机会握手"。这也是无数知识女性的写照。她们希望得到与男人一样的地位，拥有自由的灵魂，像黛珈一样，做一个"女性的懿范"①，可以通过工作实现自己的人生价值，对社会做出应有的贡献，但是这并不容易。当烦琐细碎的家庭生活，尤其是孩子的照料问题出现的时候，绝大多数女性又变得犹豫起来，在家庭和事业间难以抉择，传统"男主外女主内"的伦理道德观念又使得家庭生活的担子也大多压在她们身上，由此引发的就是她们难以在事业上有更多更长远的进步。所以女性要想真正取得与男性一样的社会地位和尊重度，就必须付出更多的努力和牺牲。魏思佳在《暗夜里的抗争——论白朗的小说创作（1931—1945）》中写道："东北沦陷区的女性不仅要忍受传统和自然的挤压，还要承担阶级和民族的压迫，因此白朗绝不会让她笔下的女性走这两条路。"②《四年间》中运用了大量对比手法来证明婚姻对女性自由和自我能动性的束缚：在婚前，黛珈的身体状况是"拥有健美的体格"，但是婚后"黛珈的身体一天天地孱弱下去，精神也一天天萎靡下去，笑容很少在她的脸上出现"。当生下第一个女儿的时候，母爱的光辉使黛珈忘却了之前的不快，陷入未来对女儿的培育的憧憬

① 刘爱华. 冲突者的女性世界——从白朗的小说创作谈起 [J]. 辽宁大学学报（哲学社会科学版），1999（6）：62.

② 魏思佳. 暗夜里的抗争——论白朗的小说创作（1931—1945）[J]. 名作欣赏，2015（24）：6.

之中；但是当女儿由于寒症身体开始变得衰弱时，黛珈又陷入对女儿身体的担心和对出去工作的期待的矛盾之中。女儿夭折之后，黛珈又迫不及待地想要去实现自己的人生价值，做一名自由的女性，却被"官僚式的校长和蝴蝶般的同事"弄得灰心失望。第二、第三个孩子接连早夭，黛珈的精力已经被牵扯殆尽，人生最美好的年华也已经过去了。

直到现在，女性在"家庭生活的美满"与"个人价值的实现"之间的抉择仍旧是一大难题，在"女人与家"这个选择题之中，如何平衡以及如何选择，在今天依旧无解，也依旧有着探讨的价值。历史学家陈衡哲在《洛绮思的问题》以及冰心在《西风》之中，通过对洛绮思和何秋心两位女主人公为了事业放弃爱情的经历的描摹，表明了两位作家都认为作为女性，家庭和事业两者是完全对立、不可调和的。庐隐在《何处是归程》等作品中更是发现，即使是以爱情为基础产生的婚姻，它的实际面貌也与女性之前憧憬的有很大不同。人们对女性在中国社会中的地位问题，尤其是对女性知识分子在家庭与事业两难之中的出路问题的思考，并不是从白朗开始的，也不会因为白朗的探讨而结束。白朗《四年间》这部中篇小说只是给人们提供了其中的一个角度，挖掘出婚姻、家庭、生育、社会以及传统守旧的思想等各种因素对于女性自我解放以及个体价值实现的压制，以及女性自我在对理想和家庭之中陷入两难境地难以抉择的矛盾心理，在今天仍旧有借鉴意义。无论是《四年间》中的黛珈还是《为了幸福的明天》的女主人公邵玉梅，都体现了白朗对女性命运的思考和对女性成长的期盼。白朗的中篇小说都有一定的自传性质，希望可以用她自己的成长经历来对广大人民，尤其是广大女性的人性解放进行鼓励。贾慧在《坚守与成长——白朗作品论》中说道："在白朗作品中，我们不仅看到了她本人的成长历程，也看到了无数革命者的成长，尤其是无数女性的成长。"[1]

---

① 贾慧. 坚守与成长——白朗作品论 [D]. 河南大学硕士学位论文，2001：1—2。

以白朗为代表的广大中国女性的成长史是在苦难和梦想中不断奋发前进的成长历程，在白朗本人以及一代人的成长足迹背后，隐藏着一股向上向善的动力，渗透着强烈的悲壮情怀。

（二）流亡精神与乡土情结

"东北作家群"并不是原本地域文学的"原住民"，而是出现在中国人民前仆后继壮烈牺牲的民族独立解放战争中不断"流亡"的文学群体。东北作家群并不是凭空产生的，它的产生和发展是所有原住在中国东北的左翼作家成员在躲避战乱的不断奔走流亡中形成的，流亡精神，可以说是东北作家群成员的一个共同特点。社会灾难可以养育文学，社会的大发展大变革和关内关外文学的不断交流带给东北文学以新的活力。为了躲避战乱和"白色恐怖"，东北作家群成员不断地远离家乡故土，奔走停留在陌生的土地上。在精神导师鲁迅先生逝世、政治见解与选择不同以及战争范围不断扩大的背景下，东北作家群中的作家分别奔赴延安、香港等地，不间断的漂泊和奔走使他们了解到了他乡和故园不同的风土人情，见识到了人情冷暖，深化了对国家、人民和世情的认识，他们在分离聚合和生死离别之间对人生百态有了新的体悟。他们在自己的作品中，通过各种各样的形式来展现东北地区人民生生不息的蓬勃生命力，展示自己"浓得化不开"的乡土情结。白朗在她的作品中，对东北泼辣顽强的人情人性进行了细致阐述。在《四年间》中，黛珈身体由于多次生产变得病弱，孩子也由于体质差而接连夭折，但是在最后黛珈宁可不要奄奄一息的孩子，也要出去工作学习，虽然心痛，也要继续生活，实现自己生命的价值，做一个真正的人，做"女性的懿范"。这一点与萧红《生死场》中妇人们看到孩子意外死亡，虽然觉得痛不欲生，但是仍要活下去有异曲同工之处，体现了女作家对生与死现象的独到思考。

（三）女性心理和女性视角的变化

白朗的作品中有很多女性形象，她们的情感、态度等不断变化是白朗中篇小说的一个重要特点。如《老夫妻》中塑造的张老太太性格善良，具有正义感，由于丈夫思想与性格的转变，她对丈夫张老财的态度由最开始的伤心、无奈、气愤转变为后来的理解、爱重；《四年间》中黛珈由一开始刚刚怀孕时的新奇激动，到对新生儿的关怀呵护，再到对孩子夭折的悲伤绝望，之后怀的孩子接连夭折使黛珈开始变得麻木，到最后甚至期盼孩子早日去世以便自己外出工作；《为了幸福的明天》中不仅仅成功塑造了邵玉梅这一先进的女性工人形象，更是塑造了极为丰富的女性形象群体。邵玉梅在工厂工作，有很多女性工友与她吃住在一处，比如后进厂的小于和文化程度较高的傅金玲，她们的个性、优点与局限均是用邵玉梅的视角来描写的。小于文化程度不高，比较自卑，由于后进厂，对一些高危产品的操作感到害怕；傅金玲因为文化程度高，对人比较傲慢，觉得其他人都不如自己，并且对自己的工作并不细心；先进的女性党员王英等人对邵玉梅的帮助和关心也描写得十分出色。无论是优点还是缺点，白朗都将个人性格的成因描写得十分准确真实。白朗本身就是一位女作家，她的中篇小说中又有许多性格各异的女性形象，她们对于同一件事物的不同反应、不同情感使得文章的层次更加丰富，也有利于读者的理解更加多样化。以《战地日记》为代表的散文和日记体报告文学则以白朗自己的所见、所闻、所感作为行文的线索贯穿始终，具有强烈的抒情特色和真实性。这类文章因为具有明显的自叙传色彩，作者将"自己沿途的见闻感受"这一小情感与"对祖国人民的命运的关心与歌颂"这一大情感紧密联系在一起，又使得作者的文章具有民族性和时代性。

三、1949年之后作品的变化：《为了幸福的明天》

1949年开始，中国的工业建设如火如荼地开展起来。为了配合政治宣传，许多歌颂祖国、歌颂人民运动的作品应运而生。白朗以女性作家特有的细腻的笔致、深婉的感情、质朴的风格、强烈的现实感和鲜明的战斗性，不仅吸引和打动了广大的中国读者，而且她的力作

《为了幸福的明天》还传播到国外。《为了幸福的明天》就是白朗在此时期创作的作品。

（一）对祖国和人民的歌颂

中华人民共和国成立初期，国家贯彻毛主席在延安文艺座谈会上的讲话，对文学艺术实行"双百方针"，即"百花齐放，百家争鸣"，国内的文学与艺术创作欣欣向荣，这一时期作家学者创作热情高涨，产生了许多优秀作品。白朗也积极响应国家号召，对新中国进行了热情讴歌，对如火如荼的工业建设进行了热烈的赞扬。爱国主义作为白朗小说的一个非常重要的主题，始终贯彻在白朗的文学作品之中。中篇小说《为了幸福的明天》便是其中之一，作为白朗在中华人民共和国成立初期工业题材小说的代表作，标志着白朗现实主义笔法的一个新高度。文章着力塑造了从小农阶层成长为优秀工人的邵玉梅这一形象。她舍己为人，大公无私，对别人乐于帮助，多次保护公共财产，即使受伤也在所不惜。小说对邵玉梅的悲惨身世和成长经历写得脉络清晰，对她成长的典型环境与先进人物对她的帮助也描画得细致入微。文章中涉及许多人物，无论他们有多少优点或者缺点，总体来说他们都是爱国的，希望能够给国家做出更大的贡献，并且在邵玉梅的帮助与人格感召下突破了自身的局限，实现了个人价值和灵魂的升华。虽然部分情节过渡稍显僵硬，但是这也从一个侧面表现出白朗对祖国和人民的歌颂。

（二）女性改造与女性解放的可能

游有基在《女性文学的嬗变与发展》中论述道："中国革命的历史进程表明，妇女的真正解放必须同整个社会的解放紧密联系起来，妇女解放运动必须成为社会解放运动的重要组成部分。"[①] 白朗在中篇小说《为了幸福的明天》中对邵玉梅这一人物的塑造，就很好地呼应了中华人民共和国成立初期妇女解放和社会主义建设的时代大潮。

---

① 游有基. 女性文学的嬗变与发展 [J]. 中国现代文学研究丛刊, 1994 (4)：37.

《为了幸福的明天》中，大部分女性都进行了成功的改造，虽然有些过于绝对并且显得乐观，但是这使得我们看到了女性改造与女性解放的可能。主人公邵玉梅，是一个出生在贫困家庭的女孩子，母亲对她不好，她也没什么文化。但是在二哥和张英等一系列优秀人物的关爱和影响下，玉梅最后成为一位热爱岗位、有文化，并且专业技术过硬的女工，最后她为了保护单位的公共财产光荣负伤，赢得了人们的认可和赞扬。小说不仅仅塑造了邵玉梅这一个人物形象，白朗的高明之处在于成功塑造了一个女性形象群。小于、傅金玲等女性也在邵玉梅的影响和带领下，逐步改正了自身的缺点，突破了一些农民阶级和小知识分子的固有局限，成为党和人民的好工人。

（三）政治话语及其功利色彩

白朗作为积极投身于革命运动的知识分子，她的小说深受革命时代大潮的影响，并在一定程度上充当启蒙者的角色。然而出于快速改造国民性的目的，过度模式化的创作使得她的小说呈现功利性。白朗作为东北作家群中比较杰出的女作家，善于使用细腻的心理描写来进行准确生动的人物塑造，使人物有血有肉，十分丰满。但是也不能够忽视白朗的小说作品在艺术手法的使用功力上并不是很均衡，有的时候对事件的描写淹没了人物的个性，有的时候过于繁杂的心理描写使得故事情节或单薄或拖沓，可能是为了配合斗争需要，时间短促，并没有进行深度加工润色的缘故。白朗运用具有鲜明时代性的话语将个人经历与祖国的命运联系在一起，为我们呈现波澜壮阔的战争场面和如火如荼的工业建设图景。但是白朗在1949年之后有许多作品含有大量政治话语，大力鼓吹革命运动，具有"急就章"的特质。贾慧在《坚守与成长——白朗作品论》中评论道："过于强调时代感与目的性的创作心理，势必会增强文本创作的功利色彩，从而影响到小说创作中语言的表达与人物形象的塑造。"[①]白朗这样做的目的，无疑是为了

---

① 贾慧. 坚守与成长——白朗作品论 [D]. 河南大学硕士学位论文，2001：1—2。

增强作品的教育性与时代性，进而快速提高国民素质，但是这种对主流话语的过度书写，在一定程度上势必会造成作品形象的单一性，并且容易造成故事情节简单化，忽视作家个人情感的充分表达外露，使她的作品质量受到了一些影响。

在《为了幸福的明天》一文中，白朗为了应和时代需要，使用了不少当时的政治性话语，来对当时中国如火如荼的工业建设和工人形象进行讴歌。这表明白朗的出发点是好的，但是在进行文学创作的时候，有一些稍显刻意。比如邵玉梅负伤的时候，所有人都以为她快要死了，否则她怎么可能做到在剧痛中一声不吭呢？邵玉梅自己心里想的是：自己作为一名光荣的共产党员，应该发挥带头作用，如果因为熬不过疼痛而哼出来了，就对不起自己光荣的党员身份。这种想法和做法就有一些过度。并且，当所有人希望她能够写一封说明光荣负伤前因后果的信时，在她写出来的信中不断被提到的也是"祖国""人民"和"党"，但是对自己所做的努力几乎没有进行任何描述。这体现了白朗1949年后的中篇小说写作的功利性，是为了鼓吹政治运动而写作的。吴璇在《"东北女作家中的拓荒者"：白朗在伪满洲国——以〈大同报〉〈国际协报〉的文艺副刊为中心》中说："《国际协报》时期是白朗的文学生命力和创作个性发展得最自由、最旺盛的阶段，从这以后，白朗作品的风格个性便开始逐渐削弱。"[①]

四、独特的艺术手法

白朗作为东北作家群中为数不多的女作家，以女性特有的温柔细腻的笔法见长，但是她又不拘泥于这种创作手法，她的许多作品又有男性的粗犷豪迈掺杂其中。

---

① 吴璇. "东北女作家中的拓荒者"：白朗在伪满洲国——以《大同报》《国际协报》的文艺副刊为中心 [J]. 现代中文学刊，2015（6）：70。

（一）细腻的心理描写

白朗与萧红一样，善于运用大量的心理描写来表现人物性格、情感等的转变，注重人物内心诉求，并把心理描写作为刻画人物的主要手段之一。如《老夫妻》中张老财经历村民搬迁、日寇入侵、妇女惨死、战士营救、负伤去世等一系列不同的事件时，均会有大段大段的心理描写来让我们看出他的心理变化和思想历程，进而看出他人物性格的变化。《四年间》《为了幸福的明天》则更是因为对女性心理细致入微的刻画而取胜。在《老夫妻》中，张老财最初对要搬离村庄的做法表示不屑，认为就是在耸人听闻、哗众取宠；对待儿子和妻子也是极为吝啬冷漠。在小说中间部分，面对八路军战士与日军殊死搏斗，表现出了极大的崇敬与热情，最后甘愿毁家纾难帮助战士进行抗日运动。这一系列举动变化很大，但是白朗的心理描写十分出众，所以使人感觉剧情转变并不突兀。

（二）独特的人物形象塑造

落后人物的转变是白朗擅长写作的典型，她通过人物性格的转变来展现人物思想的转变。在《老夫妻》中，张老财就是一个典型的人物形象。白朗使用大量的关于钞票的细节描写表现张老财的吝啬，还使用了大段的心理描写来展示他内心的转变。在张老财临终咽气的一幕中，他要求妻子将自己想尽办法藏下的钱拿出来交给八路军战士时微微抬起的手指和咧开嘴角的笑容与《儒林外史》之中严监生临死的细节描写有异曲同工之妙，但是前者是褒义，表明了张老财思想和性格上的转变，并且更有新鲜的意味。《四年间》中白朗对黛珈情绪和心理的描写也是十分细致到位的，对家庭的渴望与作为知识分子对事业的热情是其性格转变最主要的原因，也作为线索在文中反复强调。孩子的出生与夭折是黛珈情绪变化的诱因，烦琐的家庭生活和对孩子的照料是她坚定的求学与工作道路上的绊脚石，而丈夫的懦弱、婆婆的不理解和社会的歧视则是催化剂。在小说的最后，黛珈在女儿的葬礼上感叹自己四年的大好时光就这样消逝了，并没有为自己的工作与家庭想出一个可以平衡的办法。通过这样的描写，我们可以看到黛珈性格的懦弱与矛盾之处。这就比高大全的人物形象更加真实可信，也更加贴近生活。

（三）大量线索的使用

白朗在行文中运用了大量线索，使文章跌宕起伏，更加丰富，也更易于人物形象的塑造。如《老夫妻》中反复提到的张老财手中紧握的钞票，一直都是藏在他的口袋里，从不示人，养子询问的时候也表示不会给他，要牢牢地攥在自己的手心；日本兵用武力威胁张老财的时候，张老财也未将钱财交出，只是推说家里真的没有钱。但是他在临终的时候却吩咐老伴将这些钞票用在伤员的治疗和八路军同志的革命事业上，表明了张老财通过诸多事件的历练，已经完成了自我人格的觉醒，并且使文章的感情得到了升华。《四年间》中黛珈一共生育三次，每次都是以孩子得寒症夭亡告终。多次的生产与孩子的夭折是导致女主人公黛珈错失学业、身体变弱的直接原因，在黛珈"工作—归家"的反复之中显得尤为重要。在《为了幸福的明天》中，白朗写作的主线索固然是按照时间的推进进行顺叙，但是邵玉梅的心理活动和情感变化则是文章的一条线索。最开始邵玉梅进入工厂感到自卑，认为自己没有文化，比不上同一车间的傅金玲，后来积极学习知识与技术，因为她觉得自己在一个好的时代，必须通过自己的努力来报效祖国。面对组长的讽刺与挖苦也毫不气馁，认为自己应当做合格的工人，老老实实做事，不要说话伤人；取得成绩得到大家尊重之后也从不盛气凌人，在给哥哥写信的时候也是心潮澎湃，感谢党的培养。若干心理描写片段串联起来，使行文脉络十分清晰，结构也十分完整。作者对其他人物的刻画都是从邵玉梅的视角展开，文中的女性形象群之中，无论每个人有什么样的缺点，白朗都会写道："在玉梅看来……"通过玉梅对每个人的评价，表明了她们的进步性与局限性，这样的写法别有新意。

人们对白朗的研究从20世纪晚期开始，其间经历了大概三十年的时间。白朗作为具有良知和民族责任感的左翼作家，一生坎坷，受尽磨难，但是始终秉承"五四"精神，尤其是重视鲁迅先生"改造国民性"的事业，在革命时期左翼作家现实主义思潮内部坚守五四新文化运动的启蒙主义传统，承担拯救国家和民族的使命。梁山丁曾将她与萧红并称为"东北女作家中的拓荒者"。王心颖、陈永禄在《野性的抗争与奔放的激情——试论东北精神对白朗早期短篇小说创作的影响》中说道："她的作品深深地打上了东北精神的烙印，表现了东北人带有原始野性的生命活力和充满浪漫色彩的英雄主义情怀。"[①] 随着近年来人们对东北作家群的研究逐渐增多，白朗的创作也日渐受到关注。相信在学界的努力下，一个真实、完整的白朗将逐渐展现在人们面前，对白朗的研究也将逐渐系统化、全面化，呈现在大家面前的将是一个全面而真实的白朗。

---

① 王心颖，陈永禄. 野性的抗争与奔放的激情——试论东北精神对白朗早期短篇小说创作的影响 [J]. 吉林建筑大学学报，2015（2）：120。

白朗短篇小说创作研究

　　小说是白朗作品多种体裁中的重要组成部分，她的短篇小说更是出彩。20世纪40年代开始，学界对白朗就开始关注，但是整体来看，白朗短篇小说研究还是有很大局限性。

　　白朗在中国文学史上可谓独具魅力的人物，可以说是独特性与复杂性并存。她的独特性体现在，她的传奇人生经历与体验，赋予了她独树一帜的文学风格，也塑造了她对文学独具一格的见解。她把整个人生融入了文学世界，同样，她的文学创作也反映了她的整个生命历程。因此，对白朗的研究也独具特色。独特的魅力背后又隐含着复杂性，白朗的身份，或者说白朗在文学史中扮演的角色就是复杂的。这样，独特性与复杂性结合，也就为白朗研究打开了多个缺口，形成了多重视角，引出了多种研究方法。剖析来看，其一，白朗身为东北作家群的典型代表，可以透过东北作家来看白朗，反之，可以透过白朗来看东北作家。其二，白朗作为一名重要的女作家，从大背景来看，白朗是中国文学史上20世纪三四十年代女性作家群体的一员；而从小的视角来看，白朗又是东北作家群中女性作家的出色代表。

　　白朗短篇小说创作研究从宏观与微观结合、个性与共性交错、特殊与普遍融汇等角度入手，形成多样阐释。

一、多样主题

白朗曾说："等到走不动，爬不动，不能下乡、下厂体验生活的时候，一定把它（指自己在哈尔滨的经历——笔者按）记录下来，它算整个回忆录《一曲未终》许多'曲'，比如'流亡曲''春光曲''进行曲'……中重要一章，叫作'摇篮曲'。"[①]这段白朗自述可以作为我们研究白朗小说的突破口。白朗的短篇小说创作大致可分为三个时期[②]：抗日战争时期（1933—1945）、解放战争时期（1945—1949）、1949年以后。

（一）抗日战争时期（1933—1945）

这一时期的创作题材多为沦陷区东北故土乡村市井的凄惨哀婉世相，视角专注于沦陷区日寇魔爪下不屈不挠的民众同胞，以及诉说种种刻骨铭心的亲身经历等，"在时代背景下的大众书写，注重在大的时代背景下，以宏观的视角去抒写爱国主义与民族情怀"[③]，比如代表作《轮下》。控诉日本敌寇法西斯主义惨无人道的杀戮，揭露其种种不可原谅的滔天罪行，讽刺其毫无人性的残酷统治，歌颂了东北沦陷区同胞的日益觉醒和激烈的无所畏惧的反抗斗争，反映了浓烈的爱国主义与民族意识，在"民族危亡里探讨生与死的辩证关系"[④]，比如典型代表《生与死》，突出了毫不动摇的反帝反封建的民主主义革命精神，时时处处透露着白朗追求民主自由的理想。同时，作者也在苦难

---

① 辽宁社会科学院文学研究所，黑龙江社会科学院文学研究所. 东北现代文学史料（第二辑）[G]. 黑龙江社会科学院文学研究所，1980：100。

② 宁殿弼. 白朗小说创作简论 [J]. 辽宁师院学报（社会科学版），1983（4）：42—43。

③ 曹国昌. 五月的鲜花——论白朗小说 [D]. 东北师范大学硕士学位论文，2012。

④ 魏思佳. 暗夜里的抗争——论白朗的小说创作（1931—1945）[J]. 名作欣赏，2015（24）：5—6。

挣扎中积极探索思考国民性问题。这一时期作者历经流亡关内的动荡痛苦、水深火热的生活，怀揣一颗希望永不泯灭的向上之心，带着初生牛犊不怕虎、与敌人一决高下的赤子之情，"野性的抗争闪耀强有力的生命意识"①，向周围的黑暗势力统治发出最决绝的战斗号角，对笼罩在东北故土的黑暗阴云发出毫不妥协的挑战。因而写出了大量极富反抗性，无情揭露黑暗，同时又满怀信心与希望的作品。这些作品可当之无愧地被称为"抵抗文学"②，比如《伊瓦鲁河畔》。不可否认，此时的作品虽文笔不够成熟，但感情赤诚，自带一股刚健、峭拔、清新的文风。这一时期的短篇小说代表作有《叛逆的儿子》《惊悚的光圈》《只是一条路》《一个奇怪的吻》《开除》等。

（二）解放战争时期（1945—1949）

这一时期也是作者作品的多产期，此阶段，白朗创作了大量报告文学、特写、散文，小说创作数量相对减少，但也不乏出彩的短篇小说。

爱国主义与民族意识，自由的生命意识与追求，流亡中的怀乡情结，成长与蜕变，国民性问题的思考，这一系列主题的作品多创作于抗日战争时期。白朗在聆听了毛泽东的《在延安文艺座谈会上的讲话》之后，怀着无比激动的心情从革命圣地延安返回了阔别十年的哈尔滨，充溢满怀的是迎接胜利的按捺不住的喜悦，同时，白朗更加深入农村与部队，更加广泛而全面地接触广大工农兵，因此她的短篇小说取材范围也随之改变：农村生活的"土地改革的光明生活"③与斗争，人民军队的战地生活，描绘解放革命斗争的历史情境，颂扬广大普通农民群众的翻身运动，也赞颂了活跃在战场上的战斗英雄形象，

---

① 王心颖，陈永禄. 野性的抗争与奔放的激情——试论东北精神对白朗早期短篇小说创作的影响 [J]. 吉林建筑大学学报，2015（2）：118。

② 吴璇. "东北女作家中的拓荒者"：白朗在伪满洲国——以《大同报》《国际协报》的文艺副刊为中心 [J]. 现代中文学刊，2015（6）：65—66。

③ 李春林. 抒写苦难，书写光明——论白朗的文学创作 [J]. 鸭绿江，2014（8）：90—91。

作品中人物成长的主题凸显，比如革命者等光辉形象在斗争与反抗中成长起来，体现出浓厚的生命意识。文学风格变得朗健、清畅、平易。这一阶段的短篇作品有《金不换》《顾虑》《复仇》《孙宾和群力屯》《棺》《一个村干部的成长》《不朽的英雄》《死角》等。

（三）1949年以后

这一时期，白朗的文学创作可谓进入了"黄金时代"[①]，白朗心怀对新中国成立以后的光明生活的向往，对美好未来的无限憧憬，因此，其作品创作题材再次随着时代的变换而转变，对新中国成立后国家的富强民主的希望，对人民的文明和谐幸福的称颂，对广大人民群众团结奋发的欣喜等，都纳入取材范围。白朗开始谱写新中国成立初期的社会主义进行曲，以她自身最熟悉的工厂、战场生活为主要题材，颂扬了随着新中国的诞生而涌现的一批社会主义英雄和一代社会主义建设者，满腔热血地歌颂抗美援朝志愿军。可以说，"她是一个走在时代前列、敢作敢为的女性"[②]。此阶段白朗的文风趋向高亢、热烈、奋发。此时期的作品有《伟大的友谊》《警钟》《少织了一朵大红花》《温泉》等。

二、艺术情怀

白朗一生作品颇丰，其文学作品的创作特色也令人惊叹。就白朗个人而言，她的著作有着独特魅力，散发着她独有的艺术感染力。身为东北作家群的一员，她的作品又有着东北作家的共性，"体现着东北地域文化特征"[③]；身为中国现代文学史上第二代女性作家，她的作

---

① 宁殿弼. 白朗小说创作简论 [J]. 辽宁师院学报（社会科学版），1983（4）：42—43。

② 贾慧. 坚守与成长——白朗作品论 [D]. 河南大学硕士学位论文，2011。

③ 范庆超. 抗战时期东北作家研究（1931—1945）[D]. 中央民族大学硕士学位论文，2011。

品必然又蕴含着女性视域与言说的共性。白朗的创作秉承严谨的现实主义原则，用朴实、清淡又平易的语言，如实地描绘山川林水等自然风貌，如实展现广阔的社会风情，又如实地探求人物的内心世界，细腻地构建人物的心理世界，塑造出典型环境中的典型形象，构成一幅犹如自然一样清新、一样真实的艺术画面。

（一）东北地域文化与东北精神

首先，在语言上，白朗作品的语言呈现东北地区的口语化，"大量采用了东北地区群众口头上的生动语言，像叙家常一样，自然亲切"①。例如《棺》中形容工作队的工作效率时说"办事爽急麻溜快"。又如《顾虑》中，形容过去的时光时说"那夹当"，形容人心疼的心情说"心疼的蝎虎呀"。这些地地道道的东北方言的运用灵活自如，自然真实又流畅，语言也因此变得鲜活起来，拉近了与现实生活的距离，给人以浓浓的生活气息。另一方面，白朗"以东北语言美学入手"②，探索出直白、粗狂而明快的语言风格，形成东北方言独有的幽默、豪放、直白等美学特点。如《金不换》中形容儿童团"那帮小嘎可蝎虎啦，说啥也不让你过"；王老太太评价牛四说："牛四像个脸皮磐似的，完到度啦。"应该意识到，"东北作家群本就不是某种美学风格的自觉组合，不像有的自觉结成的文学流派那样能够形成集中、统一的艺术倾向"③，因而形成作家个人的特色，比如因为白朗对自由生命意识的追求而形成的具有独特生命意识的语言风格。

其次，在文化上，其一，单纯地说东北地域文化对东北作家创作的影响，不言而喻，白朗深受地域文化熏陶。白朗的众多作品都可以看出地域性对创作的影响，形成了白朗"'直朴'的审美，刚性的特

① 杨澄宇，赵则训. 白朗 [J]. 当代作家评论，1984（2）：124—125。

② 杨晓莉. 论白朗短篇小说创作的审美风格 [J]. 大连民族学院学报，2008（6）：533。

③ 王培元. 论东北作家群 [J]. 中国现代文学研究丛刊，1992（1）：60—61。

质，自然生命力"①的语言风格。其二，在文化与自然地理因素交互影响上，在自然历史环境中形成了地域文化基因。"地域文化基因无时无刻不与人类生存相关。生存的需要使得东北人形成了迥异于其他地域的独特的人文景观。在生存方式和精神氛围中，成为一种群体性的集体无意识和文化无意识。"②这样，白朗就独具特色地置身于东北大的文化领域里。《伊瓦鲁河畔》中有"犁杖开始前进着，又黑又松的土，被犁刀割成两行""又黑又松的垄沟"等典型的东北自然地理风貌的描写。其三，在文化迁移碰撞与交流上，因为种种大的时代背景，抗日战争、解放战争、土地改革、抗美援朝等众多时代变迁，以至于"社会大变动给东北文学的发展带来的刺激，也依然可见关内外文化交流给予东北新文学的影响，更为重要的一点，也许在于东北作家的独特道路——他们走出了荒原，才走进了中国的文学界"③。在东北文化与南方文化的接触与碰撞中，白朗形成了自己的创作特色。

最后，在文化精神上，东北文化独具"强有力的生命意识和壮怀激烈的英雄主义情怀"④，而白朗就恰到好处地生成了独特的审美风格，体现着浓烈的东北文学创作的特质和意蕴。《伊瓦鲁河畔》《轮下》《生与死》等作品中的人物都体现了这种精神。白朗还善于发现独特的视角，从东北人民大众的日常生活入手，延展到人民命运、社会问题，乃至上升到国家问题。《警钟》一文，通过描写申明在党和人民群众监督教育之下，逐步转变思想，逐渐端正态度，不断走向进步，最终勇于承认自己的错误，接受批评教育，得到了挽救。这体现

① 朱兰君. 东北作家群小说创作与东北区域文化研究 [D]. 辽宁大学硕士学位论文，2015.

② 王劲松. 近代东北文化与满洲女作家群落 [J]. 中华文化论坛，2008（4）：67—68.

③ 王纯平. 论三十年代东北文学的崛起 [J]. 辽宁师范大学学报（社科版），1989（3）：43—44.

④ 王心颖，陈永禄. 野性的抗争与奔放的激情——试论东北精神对白朗早期短篇小说创作的影响 [J]. 吉林建筑大学学报，2015（2）：118—119.

了白朗在新中国成立后，对于党在培养新人等方面的政策有了自己的见解。

（二）"力与美"的审美风格

"白朗小说创作特色明显，手法多样，形成了雄健柔美的风格。"[①]她的小说，是中国文坛女性文学和抗战文学举足轻重的收获。白朗短篇小说的魅力就在于，她独到地恰到好处地把抗战文学中的刚毅、雄健、浑厚的力量之美，一方面与女性文学中温婉、细腻、清新的柔和之美融合起来，形成一幅感人的刚柔并存的画卷；另一方面，她又把这种力量之美与自然环境描写中的那种或壮烈，或决绝，或希冀，或朴实的美再度完美融合，力与美的交错融合再次显现白朗成功的创作审美风格。

首先，白朗的作品虽充满雄浑健硕的力量之美，但白朗毕竟是女性作家，身为女性，不可避免地在创作过程中会显露女性意识，而这种女性意识的流露，必然使她的作品又带上浓浓的女性柔和之美。在《一个奇怪的吻》中，李华与丈夫在生离死别的紧要关头，那个永别之吻的镜头，定格在了民族生死存亡与个人生死危亡的联系之中。李华作为民族战士，她肩负着艰巨的使命，为了民族事业她必须选择继续走下去，而同时又作为一名妻子的她，与丈夫诀别时的内心矛盾，无时无刻不在撕扯她作为一名普通女性柔弱的内心。这样，在李华身上，为了民族大业，为了祖国人民，她的选择是雄健有力的，而面对与丈夫的不舍离别，自身的家庭幸福，她却是温婉柔和的。《生与死》中的老伯母，一方面有着毅然决然的决心，不畏黑暗势力的威胁，一方面又有着身为女性的善良温柔，还有着母性的无私光辉，可见，老伯母也是典型的力与美的化身。

其次，白朗作品中的雄健之美又与自然环境的美交错融合。在《伊瓦鲁河畔》中，对于人物的塑造采取了粗线条的勾勒，对场面的

---

① 曹国昌. 五月的鲜花——论白朗小说 [D]. 东北师范大学硕士学位论文，2012。

描画也采取了同样的处理方法，这样，小说就显得粗狂雄健。"日头从云雾里爬出来了""河、田地、天空，都安静得像一张有彩色的山水画""犁杖转了个弯子，冲过另一道垄沟"等众多自然景物环境、人物劳作生活场景的描写体现出美，而之后的民众与日军的不屈不挠的斗争，民众豪爽无畏，东北辽旷无垠的天空与黑土地，都体现了两美结合。

（三）手法创新，中西合璧

东北沦陷后，东北的社会环境陷入黑暗，东北地区的文学也因此陷入深重的民族危亡灾难中，在举步维艰的无奈处境之下，在秉承五四新文学传统下发展自身的文学创作。同时，为了寻求新的出路，借鉴吸收了西方文学中进步的文艺思潮，受到外来文学的影响。当时，大量苏俄文学作品仍能在报刊上翻译发表，东北沦陷区的作家看到了希望，从起初的不自觉受其影响，到后来的主动借鉴，使东北文学显现一种新的生气。东北作家创作明显受到苏俄文学的影响，尤其是法捷耶夫的《毁灭》和绥拉菲摩维支的《铁流》的影响。[①]不言而喻，白朗也深受外国文学与进步文艺思潮的影响。

《毁灭》和《铁流》在主题取材、艺术构思、人物定型等方面，为东北作家提供了启示，也为白朗提供了借鉴。这两部作品都取材于战争情境，因而东北作家也描绘东北沦陷区内人民群众的英勇斗争，与日本侵略者的毫不妥协。白朗大胆借鉴外来创作方法，以鲜活自己的作品，"由于'拿来主义'和'普罗文学'热潮涌入，白朗也受到文学译著影响"[②]，白朗在此基础上创作了《伊瓦鲁河畔》等作品。可见白朗是在对这两部作品参照下完成了一些优秀作品，这样就使她与苏联作家有了某些共识，反映了与《毁灭》《铁流》相似的主题、相

---

① 逢增玉. 黑土地文化与东北作家群 [M]. 长沙：湖南教育出版社，1995：249—250。

② 李长虹. "东北作家群"小说的文化精神 [D]. 吉林大学硕士学位论文，2007。

似的人物原型、相似的艺术构思等。白朗的作品在创作思想和艺术特色等方面受到的影响不言而喻。

此外，白朗继承中国叙事传统，秉持五四新文学传统，同时将"中国传统叙事与西方心理展示相融合结构小说"①。白朗将中国小说传统注重故事情节结构与西方小说崇尚人物心理刻画结合，构筑起完整而严谨的小说结构，创造出广阔而流畅的小说情节，同时让人物复杂的心理情绪变化自成一条流动的线，贯通于整个小说的结构、情节与人物塑造上。在《叛逆的儿子》中，主人公现代青年柏年，面对黑暗的社会现实，封建腐朽的家庭牢笼，始终有一颗叛逆的心。但他面对封建家长的权威胁迫，眼见社会底层人民遭遇苦痛不公、上流社会奢侈没落等现实，叛逆反抗的心不断演变，一段心路历程由此展开，有挣扎，有徘徊，有犹豫，有坚定……无数次的心理变化后，柏年终于找到了内心真正的自我，义无反顾走出了家门。严谨的行文结构，流畅的情节发展，加之柏年的心理变化描写，使之成为中西结合完美的作品。

白朗还在"中国传统文学空间叙事基础上进行创新"②，打开了压抑她创作的瓶塞。小说大胆创新运用了外国文学的蒙太奇手法，更新了她的创作叙事空间。在《轮下》中，白朗构造了真实的社会情境，大胆地近距离审视人物，使作品更加悲壮。视觉上可见人民群众与日敌坚决对峙、同敌人殊死搏斗、难民团结一心等各个场面，听觉上可闻难民呼号悲壮、场面惊天动地，这样就使视听融合得完美。同时，又远距离地描绘天空、山川等景物，以远处的景物变化来表现人物的内心，推动情节发展，这样的近人远景，就有了远近的层递。由此就犹如拍电影的一个个镜头特写，蒙太奇手法的灵活运用，使当时的情

---

① 杨晓莉. 论白朗短篇小说创作的审美风格 [J]. 大连民族学院学报，2008
（6）：533。

② 赵媛霞. 东北作家群流亡小说空间叙事艺术研究 [D]. 山东师范大学硕士学位论文，2013。

境格外惊心动魄，耐人寻味。

（四）文学话语多重性

20世纪三四十年代，在大的特定的社会历史环境下，主流意识形态决定了作家的创作倾向。主流话语、政治话语取代了作家自身的话语，成为言说的主要形式。作家在进行主流话语言说的同时，也渗透着自己的话语，自己所在群体的话语，这样一来，文学话语就出现了多重性。白朗创作适逢三四十年代，必然受到主流话语影响，由此，白朗的创作首选题材便是东北沦陷区民族独立战争、人民解放战争、土地改革等大背景事件。

首先，白朗个人在言说，她赋予了她作品中人物以鲜活的生命，白朗有自己的见解，有自己的希冀，有自己的理想。所以，她的作品中，很大程度上寄予了她自己的意志，实际上是她本人内心最真实的写照与表达。《只是一条路》中的现代青年家栋，面对哥哥左右他的人生，干涉他的生活，家栋骨子里透露着一股倔劲儿，那是一颗不甘被摆布、想要自由、想要自己掌握自己人生、想要冲破一切束缚做自己的叛逆之心。他的执念果真使他变成了哥哥眼中的"一匹小疯狗"，最终，家栋甩掉累赘，喊出了心中的真实想法："前面亘着只是一条路——与环境斗争——我就要奔上此途，以至于死。"这句呼喊，其实也可视为白朗内心最真实的呼喊，面对外敌入侵，不甘被人摆布，要勇敢地站起来，要与敌人做最壮烈的斗争。这便是白朗内心最真实的个人言说。

其次，白朗是女性作家，"政治话语代替女性话语，而女性话语又没有完全隐退"[1]，因此她又在进行女性言说。《孙宾和群力屯》中的孙大嫂，在丈夫的影响下，在进步分子的指导下，由丈夫口中的"落后"，最终"跑到丈夫前边"，变成"斗争坏蛋的积极分子"。孙大嫂代表了当时的女性，白朗借助孙大嫂进行女性言说，表现女性不甘

---

① 曹国昌. 五月的鲜花——论白朗小说［D］. 东北师范大学硕士学位论文，2012。

落后，女性也是进步势力，在大的时代事件背景下，女性也是斗争的重要力量。

再次，白朗身为东北作家群的一员，又有着东北作家的言说，而"东北作家叙事话语的精神指向是多重性的"[①]，白朗作为东北沦陷区作家，主要以抗日、流亡和成长三个主题展开探索，这些主流话语对白朗作品言说深有影响。白朗作品中代表这类言说的人物数不胜数：不论是《伊瓦鲁河畔》中英勇无畏的贾德，还是《生与死》中无私为人的老伯母，或者是《轮下》中坚持斗争到底的陆雄嫂……这些形形色色的人物形象都在进行东北沦陷区作家的言说。

三、女性视域的开拓

作为一名女性作家，不可避免地，白朗的创作要受到女性的人生观、价值观和世界观的影响。白朗清醒地认识到自己女性作家的身份，也恰到好处地利用了这一身份优势，深入女性世界，发挥自身女作家的独特感知，用平易、清新、细腻的柔和笔法深入女性视域，把女性的整个情感世界与内心世界完美地展现给读者。女性的情感与心理历程演变的背后，是女性对自身地位的认识，在认识的过程中又逐步解放自己，由此，女性获得了成长，收获了成长蝶变后的新生。白朗的女性写作"呈现出以新经验为切入点，深入探讨女性写作"[②]的特点。白朗向我们最真实地展示了女性的成功生存与转变。

（一）女性情感与心理

女性内心的情感颇为丰富，心理活动最为复杂曲折，而白朗就抓

---

① 丁帆，李兴阳."流亡"文学群体的民族意识与生命意识——论"东北作家群"的乡土小说 [J]. 求是学刊，2007（2）：119—120。

② 上海市社会科学界联合会. 中国的前沿文化复兴与秩序重构——上海市社会科学界第四届学术年会青年文集（2006年度）[G]. 上海：上海人民出版社，2006：105—106。

住了这一点，深入刻画女性内心世界，可以说"情感体验重于事件叙述，艺术表现采用细腻的心理刻画"[①]。

在《少织了一朵大红花》中，"大跃进"期间，地毯厂的小青年学员李庆林、陈桂珍、张桂花等人分了师傅，开始举行车间工作比赛，小女学员之间展开了针锋相对的"赛事"，双方彼此都不服对方，甚至闹出不团结等现象。但最后，还是团结互助的思维占了上风，在互助下完成了任务。文中真实地再现女性心理的各种活动，把这些心理灵活地表现出来：为了鸡毛蒜皮的小事不愉快、为了赢得对方的小伎俩、为了争强而产生的小嫉妒等，把女青年内心世界处理得相当完美。正是通过这些普通女性最平凡、最普遍的心理塑造，透过这些共性平常化又兼备个性典型化的女性情感营造，才使作品中的女性形象栩栩如生。而又正是透过这些活灵活现的人物形象的心路历程与情感体验，才透出作品的主题：1949年后的普通日常生活中，以小见大，以平凸曲，平凡的女性在新时代里对生活的美好追求，与同事之间的团结互助，共创美好生活与未来的心愿。

《生与死》中的老伯母，身上散发出母性的光辉，无私无怨无悔地默默帮助和照顾"女犯人"，老伯母的心地本质就是善良，她是真、爱、美、善的化身，她的心理变化至最后，认清事实，毅然决然放了八名"女犯人"。起初，老伯母不知实情，只当是真正的女犯人，她对待本职工作恪尽职守、毫不含糊，但也无时无刻不在透露出她的母性的爱的光辉。"女犯人"毫不屈服、坚持不懈的品质更加感染打动了老伯母，至此，老伯母开始深思并且暗中进行实际调查，最后知道真相的老伯母，身上的无限爱国主义民族情感被激发出来，她的母性的大爱无疆、无怨无悔的精神更是被激发出来。老伯母深知，国家、民族与人民正处在危难之中，而她作为一名老母亲，必须为革命的"女儿"们撑起一片天。老伯母由起初的惧怕、怀疑到后来的斗

---

① 曹国昌. 五月的鲜花——论白朗小说 [D]. 东北师范大学硕士学位论文，2012。

争、牺牲的心路历程逐步清晰起来，她的情感也由交织得理不清，直至最后发散又凝聚起来，变得明朗，有了太阳般的光辉与希望。老伯母为国家民族与人民，为革命的发展做出了牺牲，但老伯母的精神生命在八名姑娘战士的身上得到了无限延续，老伯母身上母性的爱，使这个人物饱满立体起来。女性的情感与心理在白朗的笔下熠熠生辉。

（二）女性地位与解放

人生活在社会里，每个人都是社会的一员。在大的时代背景下，民族需要独立、需要解放，国家需要富强、需要民主，人民需要翻身、需要充实和富足，更需要精神上的觉醒、成长与独立。女性这一庞大的社会群体，也需要进步与解放。中国传统的封建思想致使女性地位低下，错误地评判女性的地位，而没有认识到女性群体力量的强大，也没有意识到女性群体的贡献可以举足轻重。

白朗关注到这个问题，自身作为女性，她更加深有体会，女性地位需要改变，女性必须解放，才能在民族危亡的紧要关头，为国家、民族和人民事业做出应有的、不容小觑的贡献。从"女性的出路问题入手，关键是女性所面临的两难问题"[①]。正如《一个奇怪的吻》中塑造的李华这一人物形象，一方面身为革命战士，李华肩负的职责任重而道远，她必须随时做好为国家、为民族、为人民牺牲自身利益的准备，乃至丈夫和自己的生命。另一方面，李华也是普通人，也是普通的家庭妇女，她同样肩负着对家庭、丈夫的责任，然而在面对与丈夫生离死别的情境之时，李华的内心世界是复杂而又矛盾的，一头是国难民族事业，另一头是自己的家庭爱人利益，无论放弃哪一头，对于李华来说都是内心的撕裂，这个抉择太残忍，然而李华必须做出选择，而且绝不能够后悔。李华深知，女性要想解放，必须把自己的命运与国家、民族和人民的命运结合起来，在国家、民族与人民的解放

---

① 刘爱华. 冲突着的女性世界——从白朗的小说创作谈起 [J]. 辽宁大学学报（哲学社会科学版），1999（6）：60—61。

中来解放女性自己，哪怕是牺牲自己的家庭利益。白朗实际上已经给女性解放指出一条道路，那就是面对两难，绝不可后退，必须把女性自己的解放与民族事业融为一体。这样，女性的地位问题也随之归位，女性也是民族事业的支持者、参与者和贡献者，女性的地位从来都举足轻重。

《孙宾与群力屯》中的孙大嫂，本来就是一名普通的农村妇女，她的日常生活不外乎抚养孩子、收拾家务、做点农活、辅助丈夫，她本是普普通通、千千万万个家庭妇女中的一个典型代表。她不辞辛苦，日夜操劳，为了家庭勤勤恳恳，不曾有过怨言。"拥护丈夫，以夫为纲"似乎就是孙大嫂的人生宗旨。可面对阶级斗争，打倒恶霸地主，谈及阶级觉悟时，她却每每被丈夫戏称为"太落后""没见识"等。以至于有了这些事情发生，孙宾也不与孙大嫂商量着办了，都是自作主张，团结村里的其他男性群众，与敌人恶霸进行斗争。可是孙大嫂不服气，自己默默学习。在孙宾的斗争遭遇挫折时，孙大嫂起初"整天哭眼抹泪，像个泪人似的，后来，她也想开了，不哭啦，起誓发愿：要亲手枪毙姜文飞给丈夫和王老疙瘩报仇"①。孙大嫂拿出无限勇气与坚决斗争的心，开始组织群众，出谋划策，进行斗争。孙大嫂独当一面，坚持不懈，毫不动摇，她比丈夫进行斗争时还要激烈、决绝，孙大嫂在斗争中解放了自己，将自己女性传统的被动、服从地位转换成主动、斗争的地位。可见，孙大嫂也是在与人民群众共同的解放与斗争中解放了自己，将女性自身的解放与人民、民族和国家的解放融为一体，同样也将女性地位的改变与人民、民族和国家的地位改变合为一体，给以孙大嫂为代表的女性的地位与解放问题，作以最深刻与最合适的解答。

（三）女性成长与蜕变

时代在不断发展，社会在不断进步，人就在不断成长。20世纪三

---

① 白朗. 白朗文集（1）[M]. 沈阳：春风文艺出版社，1984：164。

四十年代的中国，民族独立战争、人民解放战争等众多大的社会时代背景推动着中国举步维艰地前行，面对动荡的局势，中国人民，尤其是知识分子首先觉醒、成长起来。白朗自然属于其中的一分子。白朗看到，女性的境地急需改变，女性必须成长起来，必须蝶变成民族事业的贡献者。"宏观上看，白朗是中国第二代女性作家这一大的群体中的一员"[①]，白朗坚持女性写作，深入挖掘成长的历程，逐步探求女性的华丽蝶变。

《轮下》中的陆雄嫂是东北沦陷区里抗击日本侵略者的典型女性代表。陆雄嫂的成长与蝶变是当时女性的缩影。起初，陆雄嫂对日寇充满了畏惧，"整年，整月，他们生活在这想不通的恐怖里"。后来，在丈夫的带领下，陆雄嫂开始觉醒。再后来，经过认真学习，逐步探索，她认清了敌人的真面目，此时的陆雄嫂已经成长起来，只不过此时还要依赖丈夫陆雄的带领，陆雄嫂的进步令人称叹。最后，在与敌人正面交锋的战场上，陆雄嫂完全成长起来了，她不再需要依赖他人进行抗争，而是独立勇敢地站了起来，她与敌人做了无畏的斗争。陆雄嫂由此成功地蝶变成一名独立的、优秀的、完美的女战士。陆雄嫂为了民族事业，在时代大背景的洪流中完成了独立与蝶变。

《温泉》中的洪大婶与陆雄嫂不同，她的成长与蝶变是另一种方式。洪大婶与祖国共患难，她本是码头工人的妻子，抗日战争时期洪大婶失去了丈夫，后来差点失去生病的孩子，幸而有疗养院的大夫救了孩子。于是，洪大婶便留在疗养院一直为人民服务，无私无偿地默默奉献着。洪大婶忘我地回报社会、奉献自我，最终成长为人民群众心中的"温泉"。可见，在白朗笔下，女性的成长随时代的变迁而有所不同，但有一个共同点，那便是心系国家、民族与人民，将自己的成长与时代大潮融合起来。

---

① 游友基. 女性文学的嬗变与发展 [J]. 中国现代文学研究丛刊，1994（4）：33—34。

（四）女性言语与主流话语

白朗身逢各个时代背景下，主流意识形态决定了女性的创作倾向，政治话语代替女性言说成为主要言说，但在用政治话语进行言说的同时，女性话语并没有完全消失。这样就形成了主流话语与女性话语并存融合的态势，白朗的文学话语双重性由此显现，促成政治主流话语与女性个人话语相互渗透的局面。形象地说，白朗"以个人空间下的女性言说和社会空间下的主流话语的二位一体的特点出发，剖析时代话语重压下的女性言说"[①]。

在民族解放、阶级斗争的严峻历史时期，女作家对"女性生存苦痛的揭示，基本上是沿着阶级斗争和民族压迫下的苦难控诉和觉醒抗争的叙述模式，即压迫与被压迫的政治话语模式进行主题建构的，其性别意识明显地被政治模式所框限所同化所淡化"[②]。但是我们可以看出，不管怎么框限、怎么同化、怎么淡化，女性终究是女性，她们的自身经历体验与独具的艺术追求，都要求她们在自己的创作中体现出独到的情感体验和独特的自我个性。所以白朗的作品背后，我们总能看到，她自始至终都在关注女性的经历与命运，在政治主流话语的背后，女性言说总是难以掩盖的。

在《一个叛逆的儿子》中，银娜身为女性有种种身不由己的痛苦：被父亲嫁给地主不学无术的儿子，又被丈夫抛弃卖到妓院，又被地主赎回作践……银娜作为女性脆弱的内心可谓千疮百孔，黑暗腐朽的社会势力吞噬着她，银娜的逆来顺受，体现出女性想要解放，想要自寻出路，却又无力回天，不知出路在何方的苦痛。在《伟大的友谊》中，女仆雷巴洛娃思想发生转变，同男主人一起帮助中国，贡献自己的一份力量。《一个奇怪的吻》中的李华，面对的是民族事业与

---

① 赵晖. 时代冲击下矛盾的女性世界——谈白朗文学创作［D］. 东北师范大学硕士学位论文，2004。

② 常彬. 中国女性文学话语流变（1898—1949）［M］. 北京：人民出版社，2007：246。

自己家庭及爱人的两难抉择。

每个作家都有着自己独特的创作理念和属于自己的艺术殿堂，就像罗烽说的那样："文学不能规定目的，因为有目的的文学，常是失却了文学的价值，但文学学者他不能只是埋首在书斋里构思、设想，起码应当推开窗户，睁开他的睡眼，和现实亲切一下。那样，可以明了人类在广大的宇宙间怎样地生存着，更可以听见弱者的低吟是怎样在垃圾堆上和阴沟打滚呢！"[①]白朗正是在自己的这种文学理念指导下，一直坚持贴近生活、贴近现实、触及人生、剖析社会。

白朗一生的创作留给我们的都是文学殿堂里宝贵的财富。她的人生境遇，她的生命体验，她的理想希冀，她的创作生涯，她的一切都融入其毕生的创作中。她的身份独特，中国现代文学史上第二代女性作家，东北沦陷区作家，促成她的创作题材多样、主题繁多、手法斑斓。她的创作中，思想主题历经多个时期，随时代变迁而变化；她的艺术特色，兼收并蓄，勇于创新，层出不穷；她出色独特的女性视域，在中国女性写作上留下灿烂的一笔。

白朗，一位来自东北黑土地的女作家，用其一生，向我们诉说了文学的魅力，她让我们知晓，文学可以如此惊艳，人生可以如此精彩。有一段评价白朗的话再适合不过了："我们怀念白朗，不仅是为她掬一捧痛惜的泪水，也不仅是为她在黑土地上洒下的滴滴血汗，更是为她白如玉、朗如坤的品格和节操。纯洁无瑕，浩然正气；一代精魂，永垂史册。她不愧是党的好儿女，不愧是中国文学史上杰出的典范。"[②]

---

① 罗烽. 文学的使命 [J]. 文艺，1933（1）。

② 杨德芬，陈临爱，吴铮. 怀念黑土地上的女作家——白朗 [J]. 黑龙江档案，2007（5）：62。

白朗短篇小说艺术形式专论

白朗这位来自东北的女作家，在20世纪30年代的中国现代文坛占有较高地位。她在短篇小说领域里不断探索，在艺术结构的安排和语言的运用上表现出浓烈的东北文学创作的美学特质和意蕴以及独特的审美追求。她用北方人朴素、明朗的语言和多种不同的视角、女性细腻的笔触塑造了一个个鲜活而又经典的人物形象。恰当的心理、神态、动作描写，巧妙的蒙太奇手法展示了她较高的艺术水平。轻快、朴素、具有战斗性的语言又成就了她那雄健中有柔美、朴实中露真情的艺术风格。

一、多重叙事视角

（一）第三人称全知叙事展现社会面貌

第三人称全知叙述角度，这类叙事作品中的叙述者不参与故事，同时又在故事外叙述，所以是全知型叙述者。全知型叙述者一般没有固定的观察位置，像上帝般存在，他可以从任何角度、任何时空来叙事：既可像上帝一样俯视整个故事面貌，也可看到同一时间不同地方发生的一切事情；既可清楚一切人的过去、现在和将来，也可任意透视人物内心。无所不知的全知型叙述者具有最大的叙述空间，既可以描摹环境、勾勒相貌，又能够潜入内心透视人物的灵魂，进而向读者展现宽阔的历史舞台。

白朗小说中最常见的叙事视角是第三人称全知叙事视角。作为叙事者的白朗知道故事的全部，清楚小说中人物的一切隐秘、复杂、微妙的心理变化。例如在短篇小说《一个奇怪的吻》中，李华和姚行谦在被押送刑场的火车上跳车逃跑，李华摔断了一条胳膊和一条腿，因为不想拖累丈夫，在丈夫去寻找救援时爬进了石头河。文中李华对童年的回忆，心中逃跑念头的产生，到后来骗丈夫离开时内心激烈的斗争和姚行谦由一开始的不愿抱怨自己的事业，想要为了事业壮烈牺牲，到后来同意跳车逃跑，这所有的一切都在作者的掌握之中。读者好像在聆听一个悲壮感人的故事，清晰而又自然。但是第三人称叙述视角容易使作者与读者拉开距离，所以在《一个奇怪的吻》中作者运用了一个特殊的双向视角。一方面，她透视了这对革命伴侣崇高的革命情操；另一方面，她又以女性独特的视角挖掘了这对既是战友又是夫妻的两个人诀别时的深情。白朗把这两个并非等距离的焦距做了重合处理，所以作品中渗透的情感因素大大拉近了与读者的距离。

《伊瓦鲁河畔》是白朗艺术成熟之作，小说运用第三人称叙事向人们讲述了20世纪30年代末在伪满洲国的统治下东北农村人民的疾苦生活，以及在共产党军队的帮助下农民取得胜利的故事。小说中运用第三人称全知视角，有利于在简短的篇幅中清晰地展现社会民生。《只是一条路》《生与死》《死角》等短篇小说都运用这种叙事视角，展现小说中那个真实的社会现状。

（二）第一人称自叙彰显爱国情怀

第一人称自叙指的是叙述者"我"讲述自己的故事，叙述者就是人格化的故事人物，就是故事的主人公。第一人称自叙的文本就像作者的自叙传，是叙述者"我"讲述自己的故事，这类叙述者可以说参与故事的程度是最彻底的，所以和故事的距离最近。第一人称自叙的文本大部分出自女性作家之手。

例如白朗的《一个村干部的成长》，全文都以第一人称来讲述

"我"身为穷人遭受地主的欺压时心中的愤怒不平；在遇到八路军之后对八路军的喜爱之情以及"我"在党的为人民服务工作中的热情；在受到党的干部教导后思想的积极转变。以叙述者的亲身经历和真实情感体验来写作，更有利于作者自然真切地表达对封建地主压迫农民的憎恶和对共产党的敬佩爱戴之情。但是因为作者只限于"我"对身边事物的体验和讲述，所以小说内容不太容易超出"我"耳闻目睹的范围，不便于广阔地反映现实生活。

第一人称叙事还被白朗运用到书信体与日记体中。在《叛逆的儿子》中，柏年用一封长长的信，表现与封建家庭的决裂，与一个阶级的决裂。《战地日记》采用日记的形式，写出了"亲人情""民族情"的交织冲撞给"我"造成的矛盾与痛苦的心理；写出了"我"在战地采访的峥嵘岁月。

（三）女性视角构筑独特风景线

在英雄文本、无性文本盛行的年代里，白朗在创作中或隐或显地融入了女性的性别意识和审美经验，在革命叙事背后构筑了一道女性生命叙事的另类风景线。

《一个奇怪的吻》中使用了独特的女性视角。李华生活在战火纷飞、风云激荡的年代，怀揣着为祖国革命事业献身的坚定信念。然而作为年轻的女性，她心中又珍藏着对丈夫的深深爱恋，有着女性独特的柔情。她不惜生命危险带领丈夫一起跳车，最后为了身后三千多万受苦受难的同胞坚决让丈夫离开，自己拖着重伤的身体爬进了童年就熟悉的石头河里。这些情节赋予了她英雄形象，但是这并不意味着在她身上就没有了女性的影子，相反，这恰恰体现了那个时代造就出来的不同于其他时代的女性形象。当时的女性有男人一样的刚强和信念，这是因为在战争和生死面前男人和女人甚至是孩子，所有人心中燃起的熊熊烈火散发着同样的光芒，女性在战争面前也同样是战士。恰恰因为在过去几百年中，女性被低估的社会价值和女性对自我价值认识的模糊使得女性的英雄情感被强烈地激发，女性更加自立自强。

同时她们对同胞、父母、丈夫和孩子的爱让她们更加坚定和坚强。白朗从一个独立的女战士的视角描述了这个悲壮的故事。李华的丈夫既是她的战友又是她的丈夫，小说中"让我吻你一下吧！""而她呢，并没有那样感觉。她除了尽可能地热烈，尽可能地延长那吻以外，她再也没有更多的奢求……她的确是有着不可形容的悲伤，不过她把它藏起来了"能真切地体现李华作为战士的英勇和作为妻子对丈夫深深的不舍。小说中处处显示着作者女性的印记，李华在劝丈夫走时内心的情感是那么复杂而又微妙，她内心隐藏的悲伤都在心理描写和语言神态描写中流露出来，是那么自然而又强烈。"'可是我倒嫌它太短！'她企图打消他的不良猜想，勉强做出一个天真的稚笑，说，'快走吧，勇敢的小马，我预备了你意想以外的长吻和你见面哩。'"这种女性细腻的心思和对爱人俏皮的话语，只有一个对爱情有着深切体会和感悟的女性作家才能写出来。"这时候，她肉体上，和精神上的痛苦，宛如被压迫到了极度然后又释放了的弹簧一样，突然地伸涨到固有的本能……在最短的时间，有数十次她想把他喊回来，结果她全用她的理智把它征服了。""她的自私决不至于到让爱她的人——同时也是她所爱的人，仅仅为了爱，而遭到不幸……"这里写出了一个女性在特殊时刻，既不能让丈夫为了自己而死，又对丈夫有万分不舍，在丈夫身上寄予了无限期望。这种内心的复杂情感只有一个对丈夫有着无限热爱而又对革命事业无比坚定的女性作家才能够感悟得到并通过心理描写生动地表达出来。这也正符合白朗的性格特点，她在生活中深爱着罗烽，并与罗烽一起在文学创作中反抗封建主义和日本侵略，宣扬坚定的爱国主义信念。

《生与死》中老伯母的形象不仅仅是一位母亲，还具有较高的社会概括性和典型意义，白朗通过这个人物形象，深刻体现了人性的觉醒、民族精神的觉醒。一开始，她并不明白"知书达理的儿子怎么会发了疯"，抛下了老母爱妻和职业逃到了胡子队。她为此痛恨儿子。到监狱当了看守后，她也想不通"这样文质彬彬的女孩子们会去杀人放火做强盗",甚至把"政治犯"理解成"正事犯"。日伪对女犯一天天的凶残使得老伯母混沌的思想开始发生变化,她的灵魂"仿佛被刀割一般",她由看守变为看护,对日伪的仇恨也一天天"堆积起来"。她开始变得"愉快而骄傲","我的儿子那样做,是应该的呀,不是吗?"自此,老伯母的革命意识开始觉醒,在民族解放的大熔炉里,她认识到了儿子投身革命的真正意义。当老伯母舍生忘死地用自己的老骨头换出了八位年轻革命女孩子的生命后,作者把老伯母慈祥的母亲形象上升到革命和人性的高度,在白朗的小说中"女性角色不再是传统儒家社会中以'三从四德'为评判标准的女性,而是建立在男女平等理念基础上的新女性形象",体现出一种独特的女性视角和女性叙述意识。通过白朗的这种女性视角看女性,可以看出女性既有女人本能的柔软和母爱,又有男人一般钢铁的坚强,这是当时独特的社会历史因素所造成的,也是中国20世纪三四十年代双重话语现象的体现。

(四) 儿童视角呈现别样世界

儿童独立于成人世界之外,当儿童渐渐长大并靠近成人的生命特征时,他们开始游离在成人世界的边缘,利用他们儿童的双眼去窥探现实社会。所以儿童视角能用一种幼稚、童趣的方式揭示复杂的社会现实,进而产生一种不经意间的深刻。这种深刻更能有力地揭示社会真实面目,更能引人深思。在《少织了一朵大红花》中,我们可以看到白朗巧妙地运用了儿童视角。文中的主人公冯又文就是一个天真顽皮、性急好动的小孩。"冯又文精瘦瘦的,性急好动,走路带小跑,机灵得像一个孩子。刚进场那天,还装了一会儿小大人,一个钟头不到,就装不下去了,这也摸摸,那也动动。"这是直接描绘他的形象。作者又使用语言、动作描写来侧面描绘他的儿童形象:"拿起'砸活'的铁耙子掂了掂叫道:'我的妈呀,好耙地啦!'看见'平活'的剪子也把舌头一伸说:'这家伙准有一尺长,我这小干巴手可怎么拿法?'"这里的一言一行把一个生性毛躁而又不失天真的聪明小儿形象活脱脱呈现在读者面前。

儿童形象的塑造使得文本呈现浓厚的儿童色彩："一赌气，把切碎的咸菜全拨拉到地上，心想：'这个师傅比我爹还蝎虎，要是不听话，他准敢打屁股，得小心点！'""那咋能忘嘞！可他常师傅不爱徒，我冯又文就不尊师，来而不往非礼也！"这些描写都体现了儿童充满童趣的原始思维，这些逻辑可能显得幼稚好笑，但是就在这些好笑的逻辑推理中展现了常师傅的刻薄和瞧不起人的面目，以此影射当时落后的社会群体对社会进步的阻碍。正因为这些都是通过一个幼稚顽皮的小孩子的嘴中说出来的，所以才显得不那么严肃，不那么让人厌恶。在他说出"来而不往非礼也"的时候自己忍不住笑了起来，这表现出儿童的顽皮和单纯。他顶嘴并不像成人之间吵架那样，他并没有真心去厌恶常师傅，所以才能因为自己的一句古文而笑得泄了气。

《死角》中的主人公苏海也是一个调皮、贫嘴的农民孩子形象。"后来他绝了心：还是调理调理大黑狗吧。于是他狠狠心拿腰里仅有的几个零钱买了肉包子，把包子挂在鱼钩上，就蹲在树后面去了，大黑狗来到，他把包子一扔，不一会儿鱼钩就挂在大黑狗的舌头上了……幸亏狗不会告状……从那，大黑狗可怕他了……再也不敢往猪圈里闯啦。"这是一段相当生动有趣的童年故事，调理大黑狗是因为作为一个孩子在被地主欺负后所想到的报复手段，而报复的对象是地主家的大黑狗。这种报复本身就是苏海用儿童的视角窥探现实社会之后的结果，但是这种报复黑狗的行为又充满童趣，完全没有阶级仇恨的意味。作者在后面说"幸亏大黑狗不会告状"也体现了儿童视角，使得原本血腥又残忍的事情变得好笑起来。后来当苏海渐渐长大后，作者似乎还在以儿童视角来叙述苏海的故事。在苏海的身上总有一种长不大的孩子气，作者有意将他所犯的思想错误营造成一种孩子稚气未脱的结果。"苏海听着钱大发的话，感动得一个劲地点头，他觉得钱大发对他真好，像一奶同胞似的……"在几句蒙骗的好话下，苏海就把以前无比讨厌的人当成一奶同胞，可以看出苏海看待这个世界具有孩子一般的天真。在听到农民被压迫剥削残害的故事时，苏海哭得不能自已，并开始转变自己的想法。在班长说钱大发可以改造时，他不计前嫌，积极去帮助钱大发改造，这可以看出儿童般的善良。经过了整训的苏海又从调皮捣蛋变成了孩子般的天真。无论是"调皮捣蛋"还是"孩子般的天真"，在作者的笔下，苏海身上从未褪去儿童特有的稚气，从未失掉儿童的影子。

白朗就是通过讲述苏海充满孩子气的故事，用儿童视角向读者展现了一个真实的历史环境和当时普遍的现象。这种儿童视角在儿童世界和现实社会之间自由穿梭，更加生动深刻地表达出白朗赞美共产党的情感和取得最终胜利的信心。

二、新颖的艺术手法

（一）细致入微的心理描写

雨果在《悲惨世界》里写道："比海洋更宽阔的是天空，比天空更宽阔的是人的胸怀。"白朗通过人物的心理状态描绘人物的内心世界，把握他们的精神世界。

心理描写是指在文章中，对人物在一定的环境中的精神面貌、心理状态和内心活动进行描写，进而塑造人物形象，突出文章中心。白朗中短篇小说中人物的心理描写水平很高。例如《一个奇怪的吻》中，"这宇宙间所有的一切，即使是空气也将不属于她了。然而她没有悲伤，不，这正是她欺骗自己的地方，她确实有着不可形容的悲伤，不过她把它隐藏起来了"，这段心理描写准确地表达了李华矛盾的心理，她的悲伤来自对丈夫的爱，然而她又坚定了让丈夫离开去继续革命事业的决心，所以他要把悲伤隐藏起来。一位深爱丈夫的女战士形象跃然纸上。

除了静态的心理刻画，她还擅长描写人物心理的发展变化，随着故事情节发展，形成一种动态的心理流动。这种流动的心理不仅能凸显和丰富人物形象，更能推动情节发展。在《生与死》中，老伯母从一开始对儿子的埋怨、对政治犯的不了解到对日军的怨恨与日俱增，再到为儿子感到骄傲，最后意识到投身革命的意义放走了八名"政治犯"。每一阶段的心理变化都对老伯母最终的行为起着至关重要的作用。

（二）寓意深刻的意象化叙事

1. 意象化的景物

失去了的白山、黑水、绿林、雪原、茂草、河水、天空和土地，总在东北流亡作家的笔下深情地抒写。在《祖国正期待着你——遥寄故乡的弟弟》中，白朗写道："春天，我想着故乡那夹带着寒风的温暖，夏天，我便想着故乡的无比的清凉，秋天虽然不免显得凄凉了些，但是呵，冬天里那白色的雪、那透明的玻璃砖样的冰，是把冬天的故乡点缀得如何的美、如何的幽静呵。"可以看出，在她的心中和作品里，"故乡与土地是难以抹去的永恒的、中心的意象、主题和'情结'"。在《伊瓦鲁河畔》中，几次提到伊瓦鲁河上的天空和伊瓦鲁河的水。第一次出现是在小说的开头："而伊瓦鲁河畔的上空，却晴朗得像无边的海，北归不久的小燕儿，在这无边的海里浮着，是那么迅速。"晴朗的天空和悠闲的小燕儿表达出在东北这片黑土地上生活的惬意，更象征着作者对东北故土永恒的热爱。第二次出现是在贾德听说宣抚员带着护卫兵来漂筏村宣传"王道乐土"，强迫家家户户插黄旗的时候，虽然"外貌和无声无息的天空，和伊瓦鲁河一样的安静"，但他的心早就"如天空的云和伊瓦鲁河中的水，奔狂不羁地流动"。这里的伊瓦鲁河象征着东北农民的雄强犷悍和他们身上喷薄而出的野性和力量。在这篇小说中，伊瓦鲁河整体看去是那么平静自然，而它身体里流动的河水确实汹涌湍急，正像是捍卫故土、保卫民族的东北农民澎湃的热血。

2. 意象化的情节

白朗的小说中有许多"有意味"的叙事情节，情节的发展随着作者或人物的心理起伏而变化，打上了鲜明的意象化烙印，象征或隐喻了某种文本意义。如小说《生与死》中反复出现的一个"发丝飘动"的情节，成为一种"有意味"的存在，象征了老伯母悲惨的命运和革命精神的觉醒。

当老伯母为女孩子们向家里寄信，为她们买过冬的衣物时，小说用"她花白的发丝飘舞在太阳光下，一闪一闪地相映着地下的白雪"凸显了老伯母散发着母性和人性光辉的形象。闪闪发光的发丝是对她爱国行为的赞美。当老伯母得知儿子阵亡和儿媳妇被东洋军奸污至死后，作者这样描写了她的头发："然而，老伯母什么也不再说，只是抖擞着嘴唇，频频地摇着脑袋。苍白的发丝随着脑袋左右飘动着。"传达出一种凄凉和悲惨。苍白发丝左右不定地飘动象征着老伯母从此无依无靠的悲惨命运，摆动的发丝也象征着老伯母的仇恨，同时苍白的发丝也传达出作者对她的同情和怜悯。"春天来了，春天又去了，老伯母苍白的发丝像雪一样白了。"就是这样一位头发苍白的老太太最后像革命战士一样，英勇地救出了八名"女犯人"，这象征着当时越来越多的普通的人民革命意识的觉醒，也向当时的广大民众发出"天下兴亡，匹夫有责"的呐喊。

从以上叙述中可以看出"发丝飘荡"是一个"有意味"的意象化情节，在小说文本中传递着作者爱国的情感体验，彰显着独特的女性意识。同时，它配合着老伯母心理变化而改变，推动着故事发展，扩充了文本内在的叙述张力。"发丝"见证了老伯母从一位悲惨而善良的老太太成长为革命救国的女性英雄。

3. 意象化的场景

白朗小说中的环境描写融入作者丰富的情感体验和主观情绪，情景交融形成了一种意象化环境，传递人物的心声和作者的呐喊，营造出了表现人物命运的特殊情境。

在《一个奇怪的吻》中，李华童年的景象里有美丽的蝴蝶和自由自在的活泼的小鱼。这样美好的场景寓意着李华强烈的情感表达，她对往日和平生活有着无限的眷恋，这种场景其实也是白朗对无忧无虑的童年生活的情感体验的外露。

李华投河之后，太阳在晴朗的东方煊耀着呢！这是一处"有意味"的场面描写，表达了作者为革命事业无私献身的精神和强烈的爱国情感，同时也象征着祖国的革命事业将会一往无前，终将胜利。

4. 作为独立叙事要素的意象

郁沅说过："所谓'意象'，它不是事物表象的简单再现和综合，它已经融入了作家的思想感情、创作意图等主观因素。"随着抒情文体慢慢向叙事文体渗透，"意象"也随之被植入小说的叙述中，并占据着不可或缺的重要地位。同时代东北地区另一位女作家萧红也致力于意向的叙事，小说呈现诗化的意境。她的很多篇小说都把凝聚中心意义的主题意象当作独立的叙事要素融入小说叙事当中，进而来表达主观的情感体验和生命感悟，并且有些意象还起到推动情节发展的作用。例如《夜风》中"老祖母"的"小棉袄"意象、《呼兰河传》中的"大白兔"意象。

白朗小说中的个别意象也起到推动情节向戏剧性发展的作用，例如《棺》中的那口装满金银财宝而没有尸体的棺材。当大家后悔没有批斗马得镖而再一次去批斗他的时候，院子里却停了一口棺材，马得镖的死让人们非常失望，情节在这里发生转折。原本认为这次批斗的行动要结束的时候，大家却发现这口棺材非常重，打开一看没有尸体，而是金条、皮草。情节在这里再一次陡转，并且趋向戏剧化。

（三）电影技巧融入小说创作

1. 巧妙特写勾勒时代图景

作为东北文学的拓荒人之一，白朗在小说的表现艺术上有着自觉的追求，在创作中融汇中西方写作技法，把电影中的特写融入短篇小说创作中，使作品呈现出了不同的风采。

特写是电影艺术的主要表现技法，重在突出局部。《轮下》中陆雄嫂和孩子惨死于车轮之下的场景，就是一个特写。陆雄嫂身子和车轮紧紧地贴着，好像是睡在温床上。最后当车轮轧过她和孩子后，轮下留下的东西把司机吓晕过去。白朗没有描写宏大的战争场面，而是对描写对象采取了近距离的审视，通过陆雄嫂和柱子被车轮轧死这一局部场面的特写，淋漓尽致地突出了日伪的残暴、沦陷区人民的苦难，引发了人民的抗日怒火。用轮下的场景映射了整个真实的社会环境。此外小说中难民和日伪军警对峙、殊死搏斗的场面，也正如电影的特写镜头，惊心动魄地展示了无比悲壮的时代图景。

2. 旋转跳跃的蒙太奇镜头

蒙太奇是通过镜头的组合分切而产生艺术效果的一种影视技巧，后来被引用到小说创作当中。白朗积极探索小说创作的艺术手法，并将蒙太奇手法运用到多篇短篇小说创作中。蒙太奇的运用可以打破时空限制，使有限的文本传达出无限的含义。

在《一个奇怪的吻》中，李华在火车上看到石头河之后对童年的回忆是一组精彩的蒙太奇镜头。作者把时间由现在推向过去，回忆童年时住在外祖父家，因为偷跑出去捉鱼不小心掉进石头河里，祖父知道后把她赶回城里。接着，作者又用一句"十二年之后的李华，做了更野的事"把时间拉回现实。十二年后的今天，祖父早已死了，因为"更野的事"李华失去了自由。然而她眼前的景色突然回到了过去："她的眼前仿佛有无数的美丽的蝴蝶盘旋着，活泼的小鱼游着……"紧接着现实的残酷又一次将目光拉到现在："她心想：'——到此，我的人生结束了。'"在几次反复的现实、现在和幻想、过去之间的穿梭中，不同画面的快速转换，打破了时间和空间的限制，通过童年和现在的对比展现李华对往日和平生活的怀念的五味杂陈的心理，传达出一种人生无限的悲凉感。前半段使用"繁茂""极慢""平坦""茂密"，简单的几个词就勾勒出东北平原的景象，也烘托出一种压抑悲凉的气氛。后半段一连串的动作"跑、捉、落进、冲出、救"等，使作品顿时增添了几许跳跃的欢快和亮丽的色彩。字里行间雅俗语言水乳交融般搭配，色彩对比鲜明的语言描写，仿佛是一组急速转动而连贯的电影镜头，富有强烈的动感和立体感，给读者留下无限丰富的审美想象空间。结尾李华回归了童年熟悉的石头河里，与文章前面形成呼应，使她的死带着从容、满足和希望。

在《一个奇怪的吻》中，在紧张的故事中穿插进"一个奇怪的吻"的情节，这个吻对于李华一向坚韧的战士形象来说显得有些突兀，但这个吻却卸下了李华所有的面具，展现了她作为女性特有的温柔和她矛盾的内心。同时这个吻也给了李华结束生命的决心，吻过之后世界与她再没有关系了。这种复杂而矛盾的心理被一个"吻"的情节展现得淋漓尽致。

在《伊瓦鲁河畔》中，这种技巧也得到充分展现。先是长腿三和贾德对话的场景、宣抚员在台上宣讲时台下人们的喊话、贾德被捕后的抗争、游击队风驰电掣般的奔驰、对宣抚员的处置、村民的撤退等各种场景，节奏紧如鼓点，犹如电影镜头的快速组合切换。这种快速的节奏可以使文本强烈地显示沦陷区人民不屈的反抗精神，也解决了短篇小说篇幅的限制，在简短的文本中描绘出辽阔的社会背景和激烈的革命斗争。

三、独特的东北语言

1. 朴素、粗犷而明朗的东北口语

在阅读白朗小说时，可以感受到她语言的力量之美，这来自小说中对日本侵略者的憎恨，对东北人民痛苦和抗争的生动描写，以及浓烈的爱国情感，也来自其小说结构的独具匠心，更来自东北独特水土所造就的朴素、粗犷、野性的语言。她在20世纪40年代创作的一系列农村题材短篇小说，语言在审美风格上都明显烙印着东北农民质朴的特征。如代表作《孙宾和群力屯》中的一段描写：

今儿下晌在区上听鲁区长讲了"白毛女"以后，孙宾回到家里，心上像压着一块石头似的，挺憋屈。他扒拉几口饭，闷闷不乐地坐在院当心的磨盘上，一袋一袋抽着烟，一声不吭，只一个劲地傻想。这个老实人的魂儿，好像让"白毛女"勾去啦。孙大嫂喂完猪，看丈夫不痛快，就抱着孩子凑过来，殷勤地问："你身上不舒坦吗？进屋躺躺吧。""干你的去吧，咱好好的不舒坦啥呢！"孙宾不耐烦地回答。"人家好心好意问问你，你申斥啥呀？"孙大嫂碰了个钉子有点委屈，把眼睛一抹搭噘起嘴走啦……可孙主任他没有笑，就连点笑容也没有，又呲叨老婆一句："你老娘儿们懂个屁？别瞎嘀咕，你让我好好歇会儿。"爱说爱笑，心直口快的孙大嫂挨了丈夫两回抢白，心里怪不服气，往磨盘上一坐就数叨起来。

显然这些叙述中所选用的语言"下晌、憋屈、扒拉、舒坦、申斥、碰钉子、抹搭、呲叨、屁、嘀咕、抢白、数叨"等都是一些俗白甚至有些粗野的东北方言，但准确地呈现了人物鲜明的个性：孙宾倔强执着、急躁不安和孙大嫂热情泼辣、心直口快。这些口语与东北的生活紧密相连，符合东北农民纯朴粗犷的气质。所以整篇文章都显得自然、贴切、生动。

2. 具有政治倾向性和战斗性的语言

白朗怀着对祖国的热爱和对共产党的忠诚，用笔杆当武器，对日本侵略者和封建势力进行猛烈抨击。所以她短篇小说的语言表现出明显的战斗性和政治倾向性。"'满洲国'旗黄又黄，一年半载过不长。东洋虎，满洲狼，一股脑儿见阎王。"这嘹亮的歌声唱出了不堪压迫的村民心中火山喷发一般的怒火，发出了农民与黑暗势力斗争的呐喊。《伊瓦鲁河畔》中，当宣抚员在台上宣传未来"满洲"的"王道乐土"时，台下愤怒的村民发出激烈的咒骂："中国人里不要你。"
"你不配，你是小鬼子的走狗！""妈的，三年啦，我们什么情形都吃
透啦！用不着你瞎白话！""把他心剜出来！看看黑到什么样！""眼下
就弄死他。"这些话语表达出长期受到日伪迫害的中国老百姓心中无
比的憎恨像火山般喷发，此时的村民更像战场上反满抗日的战士，他
们想挖出敌人的心，要了敌人的命来报仇。

　　"五月的鲜花开遍了原野，鲜花掩盖着志士的鲜血，为了挽救这
垂危的民族，他们曾顽固地斗争不息……"白朗的小说正像这"五月
的鲜花"，坚韧的花朵散发着令人沉醉的花香。她在小说艺术上的不
断探索，给中国现当代文学的艺术花园留下了一道独特而亮丽的
风景。

白朗散文与报告文学创作研究

在东北作家群中，对于白朗的研究，远没有对萧红、萧军、端木蕻良等作家的研究广泛，而在所有关于白朗的研究中，以生平介绍居多，小说次之，而她的散文和报告文学较少。本文针对白朗的散文和报告文学中所体现的复杂情感进行分析，着重突出四种情感，包括患难中的夫妻情、互相依偎的亲情、黑土地上的思乡情和坚定的爱国情。其中夫妻情表现在白朗错怪为革命保密的丈夫和探望身在狱中的丈夫；亲情表现在欲说还休的母女情和彼此激励的姐弟情；思乡情表现在家乡沦陷后的哀伤和对家乡复兴的期盼；爱国情表现在白朗曾身为战地记者、和平歌者和妇女解放倡导者。希望这些对以后关于白朗的研究提供参考。

一、患难中的夫妻情

白朗于1929年与表兄罗烽结婚，由于当时特殊的历史条件，罗烽又是共产党员，白朗和丈夫的婚后生活并没有太多的甜蜜，而是很快便投身到革命工作中去，但白朗和罗烽二人的夫妻感情却一直深厚，白朗也在其作品中亲切称丈夫为"勃"①。当然生活中还是有很多插曲，比如白朗曾经误会丈夫。

---

① 罗烽，原名傅乃琦，笔名彭勃，因此白朗叫他"勃"。

（一）错怪为革命保密的丈夫

白朗在《狱外集》中的《沦陷前后》中回想"九一八"当天和丈夫在松花江畔欣赏夜景，回想童年的美好时光。丈夫不愿离开充满战争气息的哈尔滨，而白朗却一心牵挂沈阳，当得知故乡沦陷后，白朗的悲伤溢于言表。

> 然而，天晓得，就在那天夜里，我那美丽的，淳朴的故乡竟而沦陷，它首当其冲地被悍敌攫为囊中物了！
>
> 当我从报纸上得到这个不幸的消息时，我的心突然起了一阵痉挛，几乎痛哭失声；同时，对它的怀念更加迫切了。
>
> 我忧郁了！
>
> 我每天看报。每天向勃探询——当他下班回来的时候。[①]

由于白朗自己怀有身孕无法出门探听到消息，于是就每日追着丈夫问家乡的最新情况，然而丈夫却日渐忙碌，甚至由原来的不拘小节，不在意穿着，变成西装革履，让白朗一度认为他变了心，于是就开始了侦探一般的侦查，终于发现了丈夫藏有一本小册子，白朗为了看清内容就佯装睡着，然后趁丈夫不注意抢过来看，才知错怪丈夫，原来是一本为了抵抗日本侵略者制订的周密计划和策略。知道了丈夫的秘密以后，白朗也深深地被丈夫所感染，对勃的这种为革命不顾一切的做法感到骄傲，对勃更产生了一种仰慕之情，随后也积极投身到救亡工作中去。

（二）探望身在狱中的丈夫

白朗在《狱外集》中的《无言的会见》中回忆，丈夫入狱后，自

---

① 白朗. 白朗文集（3—4）[M]. 沈阳：春风文艺出版社，1986：5。

己夜不能寐，闭上眼睛，丈夫的面容就仿佛出现在脑海中，正因为自己对丈夫的担忧，白朗更加坚信了自己对勃的感情，在战火纷飞的年代，一份真挚的爱情显得尤为珍贵。

> 罗烽被带走后，白朗心神不定，长吁短叹，在日记本上写下这样一段话："真所谓人有旦夕祸福，天有不测风云，奈何？人的一生能有多少精力去应付这么多的不幸啊！我感到无力支持了，毛主席啊，给我力量吧！"[①]

白朗起身准备好棉衣和缝好的小丝巾，买好新的日用品准备给丈夫送去。站在禁卫森严的门前，敌警一副凶残相，把带的东西肆意翻弄，像一群魔鬼，肮脏而残暴。当白朗看到丈夫时，被他在狱中的样貌惊呆了，可白朗却不敢表现出掩藏在心底的思念和激动，只是沉默相对，而彼此心底早已汹涌澎湃。夫妇俩在敌军的监视下默默无语，敌警本想通过他们的对话知道些什么，以达到威逼利诱的目的，最终敌警的妄想破灭了。白朗转身准备离去听见敌警对丈夫说让罗烽想想家人妻子投降做他们伪满洲国的"良民"，对可恶的帝国主义投降，白朗努力使自己镇静下来，却也不难想象等待丈夫的必将是严刑甚至牺牲。白朗努力理解丈夫的沉默，努力放下自己的儿女私情，摆在他们夫妇俩面前的，必须是革命战士一般的理解和包容。

罗烽出狱后不久，白朗和罗烽的孩子出世，没有普通人家的欣喜，相反却使白朗增添了无限的烦忧。白朗看着孩子的可爱模样，心中想的却是即将到来的分别。罗烽在催促白朗收拾行装，白朗询问孩子该怎么办，可在复杂而紧迫的环境下，又哪里会有最好的解决办法呢？白朗看着孩子想着未知的命运，不忍将孩子丢下。可革命工作又

---

① 赵郁秀. 军中小卒——忆白朗 [J]. 鸭绿江，2014（8）：104。

怎么能丢呢？到底该如何选择？是孩子还是工作？罗烽不断指引着白朗朝着光明的革命前途中去，可孩子又让白朗想好好地体会母子温情，当时的环境下，白朗的选择无疑是踟蹰在黑暗的小巷中。最终，白朗吻别孩子，选择了投身到革命工作中去。白朗和罗烽是真正意义上的生活中的伙伴、工作中的同事，他们相互搀扶，共同走向生命尽头。

二、浓烈的亲情

白朗出生在沈阳，家中还有一个弟弟。和丈夫来到上海以后，白朗对于家人的思念更加强烈，和母亲之间的彼此牵挂，和弟弟之间的互相激励，白朗的这份看似与他人无异的亲情让读者更加感同身受。

（一）欲说还休的母女情

白朗在《西行散记》中的《一封不敢投寄的信》中深切表达了这份欲说还休的纠结的亲人间的挂念。春天来了，江南绿了，可家乡却依旧在敌人的铁蹄下没有生机，没有春天。白朗远离家乡三年，三年里，她无时无刻不在思念的就是亲人——妈妈和弟弟，例行的书信无疑是身体健康，我好勿念，可是家乡的亲人在敌人的蒙蔽下怎知中华儿女抗战的英勇和牺牲，敌方宣传的必然是日本帝国主义对中国人民的"解救"。白朗拿起笔，要告诉母亲，半年的时间，全国人民，甚至儿童妇女，都投入抗日救国的浪潮中去，祖国也搁置党派之争，以全部力量全面迎击敌人，牺牲在所难免，可我们的悲壮战绩也足以振奋人心，祖国在走向光明，走向未来，我们必须咬紧牙关，将悲伤抛在一边，充满希望。白朗终于鼓起勇气写下这封信，可到了投递的最后关头，白朗还是收起了这封信，最终发出去的信依旧是例行公文似的家书。

"千祈大人勿以为念。大人春秋已高，诸希珍摄。专以此敬请金安。"①

没有诚实的语句，一些无谓的祝福并不能使郁闷的心头稍微轻松，然而却也不想让母亲在猜疑中度过被压迫的岁月。这复杂的情绪却又简单的亲情总是能让读者理解她在那个纷乱的年代无法言说的母女情。这是一封作者不敢投递的信，可那份对亲人的挂念却可以随着例行的书信传递到故乡，传递给妈妈。

（二）彼此激励的姐弟情

白朗在《西行散记》中的《祖国正期待着你——遥寄故乡的弟弟》中表达了对弟弟的期盼。白朗的弟弟八岁就失去了父亲，童年在祖父身边长大，祖父的教育严格而固执，甚至让弟弟在十三岁那年和一个二十一岁的女子结婚，很快，这段婚姻就走向了结束。白朗结婚后远离了家乡，仅剩弟弟陪伴长辈过着"死气沉沉"的日子。弟弟童年受到的严苛家教以及不幸的婚姻，使白朗作为姐姐要在关心弟弟生活的同时，时刻要给弟弟在人生路上做指引，因此白朗夫妇就成了弟弟最依赖最信任的人。罗烽入狱后，白朗本打算对弟弟隐瞒此事，可弟弟从远在千里外的故乡跑来，一进门就打探姐夫的下落，白朗知道瞒不住了，却还安慰弟弟不用担心。弟弟心中的愤怒再也压抑不住，甚至有了不再上学的想法，弟弟自知接受亡国奴教育没有益处，而白朗也只能劝导弟弟暂且忍耐，不忘祖国，给弟弟以希望。半年后，白朗和被释放的罗烽回到了家乡，弟弟对这突如其来的重逢喜极而泣。白朗总是担心弟弟在日本帝国主义的诱导下会顺从地做个奴隶，直到弟弟坚定地告诉姐姐他会牢记一切，白朗在心里默默祝福弟弟不忘叮嘱，继续奋斗，祖国需要并期待着你！

---

① 白朗. 白朗文集（3—4）[M]. 沈阳：春风文艺出版社，1986：62。

对于衰老的母亲，除了想念之外，我没有更多的挂虑。可是，弟弟的面孔一经在我的脑海里出现，便很难隐没了。同时，对于他前途的多种杞忧，竟常使我悲伤而不能自抑。

我默默地虔诚祷祝，但愿我亲爱的弟弟，不忘姐姐的启示和叮嘱，履行那坚决的诺言，在敌践踏了的故乡里做一点对得起东北三千万苦难同胞、对得起祖国的神圣工作——即使是一点点。①

这两种不一样的感情贯穿白朗的亲情世界，丰富着她的创作。故乡总是有魔力的，它会牵动每个离家之人的心。白朗所深深牵挂的，不是故乡的景色，而是在敌人铁蹄践踏下过着水深火热生活的亲人。

三、黑土地上的思乡情

东北这片土地始终是白朗日夜牵挂、魂牵梦萦的地方，即使身在他乡，对家乡的关注却毫不削减；不仅是在日本帝国主义侵略的时候，新中国成立后，白朗也牵挂家乡的发展。

（一）对家乡的哀伤和喜悦

白朗散文集前半部分的感情基调都是家乡沦陷后的沉重与忧伤，通过大量的景物描写烘托沉闷的、压得人喘不过气的气氛。如江水的沉静幽深，夜空的深沉，无涯的海。身在异乡的白朗时刻不忘沦陷的家乡，想念松花江，想念万泉河的荷花是否凋谢、莲子是否成熟。而在拟给母亲的信中，更是淋漓尽致地表达对家乡那份思念与牵挂。

---

① 白朗. 白朗文集（3—4）[M]. 沈阳：春风文艺出版社，1986：79—80。

此刻，外面正飘着非常大的雪，这美丽的雪景，从离开东北之后，我还是第一次欣赏呢。看了它，使我嗅到了故乡的气息，使我感到一种还乡的欢愉。①

　　同时，在给故乡的弟弟的信中，白朗开篇就用大量笔墨怀念家乡的一切。

　　春天，我想着故乡那夹带着寒风的温暖；夏天，我便想着故乡的无比的清凉；秋天虽然不免显得凄凉了些，但是呵，冬天里那白色的雪，那透明的玻璃砖样的冰，是把冬天的故乡点缀得如何的美、如何的幽静呵！②

　　晚上哄着孩子睡觉的时候，白朗都要唱的曲子就是"我的家在东北，松花江上……"松花江虽不是白朗的出生地，可对于她来说却是第二故乡，对它的情感有时更甚于家乡沈阳。夜深人静，唱着这首歌曲，白朗的思乡之情在心中翻腾汹涌。不知何时才能回到家乡，不知何时才能赶走敌人、收回宝藏，不知何时才能与亲人团聚。就是这样一首歌，勾起了白朗、舅父、老杨的伤心事，它以一首流亡曲，将异乡离人的思乡情编织在一起。在故乡沦陷、祖国不再完整之时，白朗内心那份对家乡的热爱也转化为身处异乡的无奈，甚至是无助。

　　新中国成立之后的短短四年，中国到底发展成了什么样子？这是许多外国人对中国最大的疑惑，尤其是在西方，谎言使其他国家的人民被假象所蒙蔽，如果他们真的来到中国，他们一定会被中国现在的样子所惊叹。这四年，中国人民走得并不顺利，刚刚掌握了政权，就遭到了美国的压迫，一个新生的婴儿面临前所未有的挑战，英勇顽强的中国人民不惧强敌，获得抗美援朝战争的伟大胜利。面对新的社会

---

① 白朗. 白朗文集（3—4）[M]. 沈阳：春风文艺出版社，1986：65。
② 白朗. 白朗文集（3—4）[M]. 沈阳：春风文艺出版社，1986：73。

制度，祖国又开始恢复经济和生产。那么1953年的中国究竟什么样子呢？白朗举了自己家乡的例子。

白朗回想起了自己的家乡沈阳，刚解放时，街上残破不堪，处处有着仿佛被蹂躏过的痕迹，白朗一度对这座城市的恢复重建充满怀疑，可事实证明，她的这种担忧是多余的。三年多以后的沈阳完全是一副全新的面貌，街上人头攒动、商户林立，马路宽阔却也是摩肩接踵，各家商店里人们争先恐后地买东西，一个老大娘似乎在给儿子儿媳准备新婚的被子，白朗上前询问是办喜事吗？老大娘高兴地说，现在生活比以前好了，新婚可是必须做床新被子的呀！《东北日报》曾刊登这样一则消息，百货商店准备把刚加工出来的新产品——毯子和舞蹈袜，拿到乡下去卖，人们都断言在乡下卖不出去，一是因为价格昂贵，二是因为农村哪里有舞厅，又哪里需要舞蹈袜呢？可谁知，货物来到乡下的第一天，就取得了不错的成绩，出人意料，他们发现了热卖的原因，原来乡下的女学生早就期盼买上一双舞蹈袜了，还有人又买了布做一件连衣裙搭配穿。白朗一次偶然的机会来到铁西郊外的工厂，亲眼看到了工人的实际生活。蓝蓝的天空下，是一排排林立的工厂大楼，白朗来到一名职工家里，屋内家具齐全，窗明几净，和城里的家庭相比丝毫不差，很难想象得到这是一户在沈阳解放前还一贫如洗的家庭。白朗感慨良多，如今的中国和以前相比，人民的生活水平不断提高，令人赞叹。祖国在前进，家乡在发展。

（二）复兴后家乡的人们

家乡的复兴表现在涌现了大批全国知名的劳动英雄。1954年9月，白朗参加了全国人民代表大会，心情激动万分，不仅仅是因为自己能有幸成为人大代表，为祖国的发展建设出一份力，也因为自己能和全国知名的辽宁省劳动英雄坐在一起无比荣幸，更因为能见到毛泽东主席。白朗讲述了工人代表王崇伦的故事。开会的前一夜，王崇伦兴奋得睡不着，因为第二天，他不仅能亲眼见到毛泽东主席，而且能和毛主席说话、握手。最后，他只好在安眠药的帮助下，勉强平复心情睡去。第二天，王崇伦激动万分地和毛主席握手，毛主席问他是否就是创造万能工具胎的那名优秀工人，王崇伦不禁惊讶毛主席每天日理万机竟能记住他的名字，虽然是一番简单的谈话，却给了他不尽的动力，让他在以后的生产生活中充满力量。还有一位是谷发明，他是一名矿工，他为大家讲述自己在日本帝国主义统治下的伪满时期的悲惨遭遇，不仅吃穿成问题，而且不被尊重，只把他们当牲口呼来喝去，而如今，他再也不怕曾经的日子重蹈覆辙，因为共产党人领导中国人民建立了新中国，中国人民从此走上民主的新道路，人民当家做主人，共同商议国家大事。还有许多这样的普通劳动者，比如鞍钢的老英雄孟泰，也曾受到中央领导人的接见，毛主席和刘少奇同志曾告诫他不要骄傲，我们还需要为了建设社会主义国家而不断前行。他模仿毛主席的样子振臂高呼："我们一定要到达社会主义！"老英雄的话使在场的每一个人无不为之动容。的确，有了中国共产党的正确领导，有了全国人民的共同努力，我们一定会到达社会主义。二十多天的会议结束后，白朗自己也感到了从未有过的幸福，和各位英雄前辈坐在一起，甚至还有些羞愧，觉得自己的贡献远远不如其他劳动模范。白朗和丁玲聊起这种不安的心情，丁玲也感同身受，觉得这些英雄凭借自己的事迹有勇气和毛主席交谈，而自己似乎很缺乏这种勇气，但这并不是坏事，可以鞭策自己继续努力，争取有朝一日能无愧于心地站在毛主席面前。丁玲的话在白朗听来虽然有谦虚的成分，却也是心里话，白朗深深感到肩上的责任还很重大，必须向其他的劳动模范学习，才能无愧于写作这项工作，才能无愧于祖国对自己这名人大代表的信任。

白朗还为一系列的东北抗日女英雄记录她们的故事，其中包括家喻户晓的赵一曼，八女投江中的八名女战士，当然也有不为人们所熟知的裴大姐、王勤夫人、民族女英雄李秋岳等人。裴大姐本是朝鲜人，日本侵略朝鲜后，她便和家人逃到了中国东北，居住在偏远的乡下，靠租借的几亩薄田勉强度日，可她始终没有忘记自己深陷苦难的祖国，渴望有朝一日能为祖国摆脱殖民地的命运而奉献一切。十三岁的裴大姐被父亲嫁给了大她近三十岁的农民，裴大姐不能怨父亲，她深知父亲的无奈。婚后的日子更加悲惨，丈夫嫌她不能生孩子，她也不甘示弱说丈夫不中用，其实裴大姐内心也同样期盼能有一个孩子来给她的生活多一点希望和动力。日本侵略者占领东北以后裴大姐终于找到了精神归宿，那就是参加抗日，孩子再也不是她追求的寄托，解放自己的民族成为她日思夜想的愿望。来到了军队中的裴大姐宛如获得新生一般，她坚信中国和朝鲜有着共同的敌人，只要在中国打退了日军，她的祖国才有独立的希望。裴大姐在游击队学习射击时，不仅技术精湛，还总是利用休息时间帮助其他战友，得到了大家的拥戴。后来，她再次结婚，可惜从未认真了解过丈夫，直到丈夫因企图叛变被战友打死，她才知道自己嫁错了人，开始不断悔恨埋怨自己，恨不得亲手杀了他，她也发誓从此不再结婚。1938年，裴大姐为了掩护自己的战友，让战友先行撤退，她自己却留在山头和敌人继续鏖战，等战友都安全撤离后，她已精疲力竭，眼看就要成为敌人的俘虏，此时的裴大姐拿起自己的枪，用仅剩的一颗子弹朝自己开了枪，结束了自己曲折而光荣的一生，年仅三十六岁。白朗用自己细腻的笔触记录了在东北这方饱经战乱的土地上，曾经有这么一群女子，巾帼不让须眉，像男人一样，为解放东北、解放全中国流下了自己的热血，白朗同为东北人，同为女同胞，为她们感到骄傲。

四、坚定的爱国情

无论是夫妻情、亲情还是思乡情，这些情感在白朗的笔下最终都会上升为爱国情。对丈夫抗日事业的支持是对祖国的热爱，对弟弟的鼓舞是对祖国的期待，对家乡的思念更是对祖国被敌人践踏的痛心和对祖国美好未来的期盼。白朗的爱国情并不狭隘，甚至超过了国家层面，上升到全世界的层面上。

（一）战地记者

白朗用报告文学的形式记述了一个云南贫穷农民出身，名叫扎拉在国境线上工作的战士的故事。扎拉出身贫寒，父母在他童年时期相继离世，吃不饱、穿不暖成为他每天都在发愁的难题。后来在打猎的过程中，他遇到了一位老人，老人虽然本身也不富裕，但还是好心收养了他，还教会了他打猎和射击。然而好景不长，在扎拉十四岁那年，这位老人也去世了，饥饿和寒冷再次降临到他身上。1949年，扎拉终于等到了新中国成立的好消息，他从小就羡慕游击队里扛着一杆枪的小战士，不仅能吃上饭，还能学习文化知识。本来这是扎拉想都不敢想的事，可谁知游击队队长一早就发现扎拉是个好苗子，就邀请扎拉参加游击队，扎拉欣喜若狂，这样不仅拥有了一个新家，还改了汉族人的名字叫袁应忠。崭新的生活使袁应忠感到既新鲜又充满挑战，学习了英雄事迹，他似乎对这个特殊的工作多了几分敬畏，不仅争取立功，还要积极申请入团。1951年，国民党的残余部队宣称要"反攻大陆"，袁应忠所在的小组将敌人全部剿灭，还缴获了不少牲口和金银器物。政治觉悟不断提高的袁应忠懂得了响应党的号召发动群众。在老河滩，袁应忠经常和当地农民聊天，不仅树立了很高的威信，还和群众结下了深厚的军民情谊。部队临走时，全村男女老少眼含泪水来送别他们。在佤佤山，袁应忠所在的班不到三分钟就把四个敌人消灭了，不仅自身毫发无损，还缴得四把好枪，当地百姓跑来看，纷纷夸赞他们用兵如神。经过多次对敌人的重击，当地再也没有残匪来骚扰了。袁应忠在这几年越来越成长为一名优秀的共青团员，而他自己却一直不忘本，谨慎谦虚。

还有抗美援朝战争，三年的努力，中国人民终于迎来了抗美援朝战争的胜利。在这三年，白朗目睹了朝鲜妇女在战争中的英勇顽强、勤劳勇敢、自强不息，从原来凄惨苦难的日子，到现在通过努力和中国人民的帮助最终取得和平和胜利。白朗亲眼见到了一个朝鲜妇女，她的十几个家人包括丈夫和子女在内统统被敌人杀害，而她依旧精神抖擞，化悲愤为力量，活跃在为和平事业努力的进程中，当白朗问及她悲惨死去的亲人时，她脸上的愤怒和坚毅令人动容，她坚定地说，敌人能打垮他们的身体，却不能打垮他们的意志。这些令人感动的朝鲜妇女从不轻易落泪，可当中国人民志愿军将自己的生死置之度外时，她们落泪了，朝鲜妇女恨得深切，却也爱得深沉。白朗还写到了一个七十多岁朝鲜老大娘的故事，这个老大娘提着一筐馍馍去医院看望"她的亲人"张万厚，由于志愿军战士伤病严重，护士不让老大娘进去，老大娘就日日来医院询问情况，直到志愿军战士脱险后，老大娘终于如愿看到了"她的亲人"，两人紧紧地拥抱，老大娘叫张万厚"最好的中国儿子"，张万厚唤老大娘"最好的朝鲜母亲"。原来张万厚曾经救下被敌人毒打的老大娘并把她送到医院，老大娘对此念念不忘，心怀感激。朝鲜妇女是战争后勤的主要劳力，即使在敌军的铁蹄践踏下，朝鲜的粮食生产在这群英勇的朝鲜妇女的努力下，仍超出计划完成任务，即使是一个毫无种植经验的十九岁少女目睹这样的国仇家恨，也决心学习生产为金日成将军献出爱国米。白朗就这样记录了中国人民志愿军在抗美援朝战争中的英勇无畏，记录了朝鲜妇女的坚强勇敢，更记录了中朝两国人民的深厚友谊。

只有真正去过朝鲜的人，真正目睹抗美援朝战争的人才能知道朝鲜人民遭受了什么，朝鲜的土地上经历了什么，朝鲜的英雄战士忍受了什么。寒风刺骨地吹，子弹在耳边呼啸而过，手脚失去知觉，却仍然一动不动。1952年，白朗跟随伤员车来到朝鲜战场，她永远都难忘那天的经历。头上的美军战机盘旋扫射，彻骨的寒冷让白朗不得不丢掉了笔和本子，瑟缩在被子里，觉得无比难挨。就在这时，白朗的耳边传来了一阵雄浑有力的歌声："雄赳赳，气昂昂，跨过鸭绿江，保和平，卫祖国，就是保家乡……"她被这歌声惊醒，瞪大了眼睛，这歌声激昂向上，根本不敢相信这是一群在雪地里冻得瑟瑟发抖的军队唱出来的，歌声响彻天空，把敌军战机的轰鸣声都盖了过去，热情的歌声温暖了这片土地上的每个人。白朗无比激动，同时也觉得羞愧不已。她起身掀开被子坐起，重新有力地拿起了笔，将这难忘的一刻记录下来。白朗不禁回想起黄继光用自己的血肉之躯堵住敌人枪口的英勇事迹，还有罗盛教、邱少云、陈治国……白朗感叹英雄的伟大，而此时正是一个英雄的时代。白朗不是一名专业记者，但她用自己的笔记述了自己在战场上看到的一切，为战争前线的宣传工作献出自己的一份力。

（二）和平歌者

白朗曾参加哥本哈根世界妇女大会，会后，她感叹起争取和平斗争中受苦受难的孩子。白朗本身是一个幸福的母亲，有一对儿女，而我们的祖国此时也处于和平时期，全国儿童幸福地成长，而那些还生活在战争阴影下的他国儿童该是多么痛苦和绝望啊！丹麦的孩子们在体育大厦门前集会要求签名，他们拿着小本子举到代表面前，渴望代表签下和平的话语，白朗不禁被孩子们的执着和纯真打动。一位希腊的母亲悲愤地说道，孩子们再也见不到阳光和游戏了。战争同时也让很多母亲失去了做母亲的资格，她们无法维持生计，也不忍心让自己的孩子挨饿，最后只能把孩子卖掉，被卖掉的孩子被人贩子抽打干活，而女孩则被卖到妓院。的确，当时在很多国家，儿童根本不知道什么是金色的童年。就像希腊，由于战争，母亲没有奶水养活新生儿，只能弃之山野，老鹰会啄食幼儿的眼睛，野兽会分解幼儿的肉体。在土耳其、芬兰，学龄儿童不允许接受教育，美军输入的暴力、色情和犯罪在慢慢侵蚀孩子的心灵。在那里，儿童犯罪的悲剧比比皆是。因此白朗开始格外关注我国儿童的成长。祖国在不断发展，青少年的教育工作更不容忽视。白朗在儿童教育方面也颇多关注。一日，她家来了八名初中一年级的学生，这些可爱的学生穿着统一的学校制服，胸前都戴着红领巾，一双双渴求知识的眼睛盯着白朗，期盼听到白朗为他们讲述自己在欧洲、在朝鲜等地的见闻。孩子们入迷地听着这些新鲜的见闻，总是让白朗继续讲、继续讲。从国外见闻讲到延安生活，白朗回忆着自己的经历来满足孩子们的好奇心，可孩子总是问个不停。白朗讲到我国的第一个五年计划，就问了孩子们的"一五计划"，孩子们出奇地一致，都回答是努力学习，建设好我们的祖国，为祖国的崛起而贡献自己的力量。孩子们年纪虽小，志向却很远大，白朗很欣慰，受到孩子们的嘱托，要多多创造作品，使青少年受到更好的教育。祖国在不断变化，而我们的孩子更是不断变化，未来的中国属于他们，他们正是名副其实的共产主义接班人，为中华民族的崛起而不断拼搏，白朗不会辜负孩子们对她的期望。

　　白朗多次出席国际性和平会议，也会见了许多和平战士。在1953年的斯大林国际和平奖名单中，白朗比较熟悉和印象深刻的是苏联妇女领袖尼娜·瓦西里耶夫娜·波波娃。波波娃身材高挑，印象中总是带着庄严和热情给人无形的温暖，她的眼神智慧而坚毅，每次开完会后她都会在门口一一送别，诚恳谦让。最令白朗印象深刻的是波波娃的领导魄力，她很少发言，却只通过几句话就能令人信服，她曾号召全世界妇女联合起来，彼此伸出援助之手，共同反对战争、拥护和平。波波娃也热爱孩子，她在哥本哈根开会时，从一名丹麦母亲的手里接过才六个月的孩子，温柔地将孩子举起，眼里闪着泪光，充满母爱的温柔向在场的人号召，为了下一代的幸福，更勇敢地奋斗！波波娃被白朗称为斯大林的好女儿，苏联孩子的伟大母亲，她继续为苏联的妇女和母亲开辟新的道路，把全部热血都奉献给了人类伟大的和平事业。还有一位是安德烈·安德琳，她来自瑞典，是一名医学博士，虽然年纪很大了，却依旧保持年轻人般积极向上的心态。她曾致力于抗美援朝战争中的正义事业，勇敢揭发美帝国主义在战争中惨绝人寰的罪行，即使受到了大量的流言污蔑，安德琳夫人仍然毫不退缩，正义和和平事业最终得到理解和认同，也受到了世界各国人民的拥戴。在哥本哈根会议上，安德琳夫人曾发言介绍世界各国妇女的情况，并鼓舞每一名妇女都能捍卫自己的权利，与恶势力英勇斗争，并且赞美了高尚的母性。许多年来，安德琳夫人不论在自己的职业——医学上，还是世界和平事业上都做出了积极的努力。白朗同样身为一名女性，向获奖的杰出女性，向在和平事业上无畏的女战士致敬。

　　白朗也见证了中苏关系的友好发展。在1954年《中苏友好同盟互助条约》签订纪念日的前夜，白朗回想起自己在苏联度过的那段日子。苏联和中国山水相依，再加上同为社会主义国家，信仰马克思主义，因此，当白朗来到苏联的时候，感到无比亲切，好像到了自己家里，不会感到一点生疏和孤独。从奥得堡车站开始，即使是素不相识的陌生人，也能从其身上感觉到久违的热情和温暖。白朗记得上次一起前来的田华同志，因其扮演的白毛女深入人心，一下车就被团团围住，虽然语言不通，但依旧能感受到那份热情，一名老妇人竟然捧着一盒化妆品塞进田华的怀里。白朗从奥得堡赶往首都莫斯科，有将近一周的路程，坐上舒适的火车，沿途欣赏苏联的美丽景色和可爱的苏联人民。他们停下手中的工作，看火车内坐的是中国人，就挥手向中国人打招呼，似乎连语言不通都不能阻止两国人民的情感交流。车内也很快响起了愉快的歌声，唱的就是中苏人民的友谊之歌。到了吃饭的时间，列车上的苏联同志怕中国客人吃不惯，更是细心地尽最大努力适应中国人的口味，热情得让人不忍拒绝，只好吃得一点不剩，就连晕车的同志，也都悄悄将饭分给大家吃干净了，如果谁吃得少，苏联乘务员一定要找到原因，她们那蓝色的大眼睛充满了关心和爱。在火车上的六七天，苏联乘务员和白朗成了要好的朋友，短暂的相处却能产生真挚的友谊，在快要下车的时候，列车上的苏联同志都依依不舍地欢送，一些女同志甚至流下激动的泪水，好像深交多年的知己。这件事仅仅是中苏两国人民友好的冰山一角，虽然再普通不过了，却是最难忘、最经典的。就像歌里唱的那样，友谊的种子已经在中国和苏联两国人民间播撒，让友谊之花更加旺盛地绽放。

　　无论是在国际会议上、国外访问中，还是关注国内的儿童教育，白朗始终以和平歌者的身份致力于中国乃至全世界的发展。

（三）妇女解放倡导者

　　白朗还介绍了同样出席哥本哈根世界妇女会议的中国代表之一、

一名优秀的农村妇女干部，她叫申纪兰。出生在贫苦落后的封建家庭的申纪兰，从小就受到重男轻女思想的伤害，即使同样和兄长在地里劳动，却依旧得不到父母的疼爱和平等对待，幸运的是，村里的妇联主任不断开导申纪兰，告诉她男女平等，提高了申纪兰的觉悟，申纪兰也不负众望，成了纺织小组组长，带领更多的女工人学习技能。申纪兰很早就订了婚，也一直因自己有一个解放军未婚夫而感到光荣和骄傲。公婆总是思念儿子，希望用婚姻把儿子留在身边，就把儿子从部队召回，可是申纪兰却坚决不同意，认为未婚夫做了逃兵，是落后分子，最后不得不说是请假回来才同意结婚。结婚后丈夫流连于温存，申纪兰就反复说服丈夫，丈夫最后只能重新回到部队，为祖国效命。丈夫走后，申纪兰却受到来自父母和公婆的刁难，还好有村里的妇女部长安慰鼓励申纪兰，申纪兰也继续鼓起勇气，愈挫愈勇，接手了合作社社长的工作。社长工作责任很大，申纪兰深知制订的劳动计划必须完成，因此就必须发动所有妇女，争取妇女解放，达到男女平等。村里有一个出了名的懒婆娘，并且油盐不进，申纪兰去她家里说了一番也无济于事。谁知申纪兰走后的几天，这个懒婆娘反复琢磨申纪兰苦口婆心的教导，慢慢开了窍，再过几天，竟然拿起锄头下地干活去了。申纪兰趁此机会将这名妇女树立成典型，让全村人向她学习，这下全村的劳动积极性都调动起来了。大家都积极参加劳作之后，又有新的问题出现，原来的男女分酬方式不尽合理，造成群众纷纷不平，申纪兰就跟上级提出改革，改革之后，实现了同工同酬，妇女的地位也逐步提升，整个社内一片团结和谐的景象，就连申纪兰那个原本封建保守的婆婆也开始关心起了儿媳的工作，生怕累到申纪兰，甚至连申纪兰有时来不及洗的衣服也拿去洗了，每天都做好了饭等儿媳回来，比对儿子还要疼爱，申纪兰在家中的地位发生了翻天覆地的变化。申纪兰时刻都不忘的是一定要跟随毛泽东主席，依靠中国共产党，走群众路线，才能做好自己的工作，才能实现全民族的解放，劳动是最光荣的，而想获取地位就必须通过努力、通过斗争。白朗记述这样一个女性的故事，无疑是鼓励全国妇女同胞解放自己、争取独立、争取权利，为中国的社会发展起到推动作用。

　　白朗的散文与报告文学总体以患难中的夫妻情、互相依偎的亲情、对黑土地的思乡情和坚定的爱国情这四种感情贯穿始终，而其中最深刻的就是最后一种情感，爱国情怀使白朗的作品更加具有社会价值。在特定的历史条件下，白朗的作品无疑是时代的产物，是时代话语的载体。身为共产党员，更多时候，白朗所记述的文字是和我们党的方针政策息息相关的，读白朗的作品，更像是从妇女视角对中国从抗日战争到新中国成立后历史的记录，基调多为乐观、积极向上，充满正能量，充满号召力。更为可贵的是，白朗始终都没有放弃过、迟疑过，她像这个时代下一个小小的领军人，带领她的读者期盼光明、走向光明。但是也正因为如此，其散文和报告文学作品难免会有主题单一、文学价值较低的弊端。

以女性写作群体为参照的白朗创作研究

　　近代以来，一些女性作家用她们细腻的笔法不断探索中国女性的出路：20世纪20年代的第一代女性作家冰心、庐隐、凌叔华等开创了现代女性文学；30年代的第二代女性作家丁玲、萧红等发展了女性文学；40年代的第三代女性作家张爱玲、梅娘、苏青等在文学创作上各领风骚。她们的付出让在两千年封建礼教压迫下的女性开始发现她们是与男人平等的存在，可以拥有社会上的一席之地，拥有自我存在的价值，而不是"人下人"的"非子"处境以及只能被人为规定和言说的"他者"的身份。五四运动时期，新时代女性勇敢地探索当时女性婚姻该何去何从、爱情该如何对待等问题。她们不断用自己的话语来回答"娜拉出走"的话题，这引起了文学界对女性文学的探求和发展。在抗战时期，东北的白山黑水间，一群挣脱了家庭、反抗着残暴统治的知识女青年也用她们独特的语言和迥异的主题风格加入这一伟大潮流。同时，又不同于其他时代的女性作家，处于20世纪30年代的她们——那个时代背景下沦陷区作家——在动荡的社会环境、扭曲的人性世界里妙笔生花地叙述着她们以及"她们"的故事。

　　在东北作家群女性作家中有三位作家有着各自独特的写作经历和作品，通过对萧红、梅娘、白朗的创作类型、目的以及意义进行分析，希望能够用自己浅显的论述大概地描述东北作家群女性作家的文学创作。

一、抗争意识与个人话语

东北作家群所处的时代是日本侵华战争前后，国民政府的腐败统治、侵华日军的残暴压迫都使农民生活在水深火热之中，不断地被虐，筋疲力尽而不敢反抗，只能服从安排，被奴役和被决定生死。同时，在城市中的人们也不是生活在人间天堂，纸醉金迷后的人性沦丧和扭曲变态让人在感慨生的艰难后又进一步感到生活的悲哀。生活仿佛一场场真实的闹剧，不间断地排演，含着冷漠与悲凉，带着女性在战乱时代的生存悲剧。面对这样一个精神上满目疮痍的世界，东北女性作家不再是原来渴望离家、追求自由的"娜拉"，而是从自己最熟悉的角度来表现那个时代下女性的生存境况和精神状态，为女性求平等、求权利、争得生存的一席之地。这种抗争意识集中体现在萧红、梅娘、白朗等作家身上，她们不是千篇一律地喊口号，每个作家都从自己独特的人生经历出发去创作、去构想、去呼唤。

（一）抗争精神与抗争类型的体现

萧红小时候受到过良好的教育，早早接触先进思想的她后因为求学和抗婚与家庭分裂独自来到北京，开始文学创作，并且受到鲁迅的支持和鼓励。她的第一篇小说《生死场》就是由鲁迅写的序。这既是对萧红本身创作的肯定，也是对年轻作家的提携。这篇文章的发表开启了东北作家群的爱国创作。数年之后的《呼兰河传》描述了在呼兰河小镇上发生的平凡而残忍的一件件事更是力透纸背般抒写了沦陷区人民的苦难，充满了对下层人民的同情和怜惜，还有对他们精神麻木的批判。萧红是"真正的叙事人——'自觉的革命者'""将自叙传、家族史扩散出乡土叙事与虚构的革命叙事融为一体，都汇集在抗日主题的历史叙事之中"[①]。

---

① 季红真. 溃败：现代性劫掠中的历史图景——论萧红叙事的基本视角[J]. 文艺争鸣，2011（5）：16。

在农村，农妇是没有社会地位的群体，在自大的男性的虐待下，这个群体的社会价值没有得到过承认，失去社会地位的她们在压力下只能用死这样激烈的方式来表现她们的反叛和抗争。她们既是苦命的受害者，在生存面前她们无自我地活着；有时又是苦命的帮凶，编织礼教和规矩的蛛网套牢每一个痛苦挣扎中的女性，让女性在恶言恶语的伤害下不敢越雷池一步，在被收得越来越紧的蛛网中，最后只留下身心的完全遵从。她们更是一个"无意识"群体，在封建礼教蛛网的束缚下，如同蜘蛛一般只知道劳作和生育，将自己的世界局限在小小的蛛网中不得解脱，也从不思考要挣脱身上的蛛网，只能在蛛网中绝望地结束自己的生命。在表现女性的这种卑微地位的作品中，萧红的笔调是极致的、残忍的，她对于农村女性的生活把握得很清晰、很透彻。她的写作对象多为东北地区劳苦工作的妇女，如《生死场》中的王嫂、《呼兰河传》中的小团圆、《王阿嫂的死》中的王阿嫂都是描写农村妇女在社会大动荡时期生与死的悲痛、灵与肉的折磨的生活状态。在她的作品中，农村妇女是一个完全被男性统治的人群，她们就像附庸一样依附于卑劣、可耻、懦弱的农村男性身边，任其打骂和性虐待，即使他们将自己视为可有可无的生产工具也不知反抗。作品《生死场》对金枝自由恋爱的描写中也有着不平等的状况：

> 五分钟过后，姑娘仍和小鸡一般，被野兽压在那里。男人着了疯了！他的大手故意一般地捉紧另一块肉体，想要吞食那块肉体，想要破坏那块热的肉。尽量地充涨了血管，仿佛他是在一条白的死尸上面跳动，女人赤白的圆形的腿子，不能盘结住他。于是一切音响从两个贪婪着的怪物身上创造出来。[1]

① 王立民，丛坤. 萧红集 [G]. 哈尔滨：黑龙江大学出版社，2011：182。

对情爱的描写完全没有任何美感可言，只能感受到男性主导下的女性是悲惨的、痛苦的、可怜的。对于种种的不平等和压迫，农妇却没有任何反抗意识，她们只是在这小村庄中盲目地生与死。但是作者没有局限在这里，她在作品中还塑造了一个具有反抗意识的女性——王婆。作品中王婆是一个比男人还要勇敢、还要有魄力的女性形象，她是萧红作品中一类"不甘卑弱、屈从、从属地位"的女性代表，她用行动"让挣扎于苦难与黑暗的女性看到了一线光明"①。王婆本人结过三次婚，死了三个儿女，命运多舛却不屈从命运和礼教，她勇敢地拿起属于人的"平等"的武器，向着压迫的势力杀开一条能够生存的路。她在赵三"镰刀会"开会时担当放哨的任务，凭借女性身份参与到属于男性的世界中，一同反抗压迫，斗争。"正是萧红的'女性的眼睛'使得萧红自己和她的作品《生死场》产生并存在于20世纪30年代的神话（民族国家、革命+恋爱、阶级斗争）之外。"②

与不知道要觉醒的农妇这一群体不同，知识女青年作为新时期最早觉醒的女性在新的时期——启蒙运动后不断探索女性自身的发展道路。她们受过高等教育，聪慧、自由和勇敢，她们也"清醒地意识到男性中心社会中自身被奴役、被束缚的处境和命运"③，由此反抗着家庭和社会的压力且遭受非议，有的屈服了，有的在付出极其惨重的代价后离开了牢笼，有的在成功离开之后又回去了。梅娘是与张爱玲并称为"南玲北梅"的沦陷区女性作家，她用细腻的笔法将很多存在于沦陷区的社会现象诉诸笔端，同时将女性在那一时

① 冯永朝，王颖. 苦难·屈从·抗争——萧红小说中女性形象解读 [J]. 电影文学，2009（5）：83。

② 吴晓佳. 萧红：民族与女性之间的"大智勇者"[J]. 清华大学学报（哲学社会科学版），2009（2）：84。

③ 龙澹宁. 试论梅娘小说中的女性意识 [J]. 哈尔滨学院学报，2011（7）：79。

期的生活境遇类型化地表现出来，深刻关注女性生存发展状况。《蚌》《鱼》《蟹》的水族系列表现了年轻知识女青年寻求自我解放的人生道路。她是一位主要关注新时期知识女青年生命经历的作家，在她的作品中大多表现这一群体在沦陷区生活环境下的精神磨难与心灵疼痛。《蚌》中的梅丽向往自由和爱情，并和两小无猜的琦相爱，但是没有料到封建家庭却束缚了她——给她找了婆家。为了不使自己生活在无爱的婚姻里，她勇敢地反抗家庭压力，但最后琦的抛弃、同事的窃窃私语以及流言蜚语使得她最终落下了身名俱毁的下场。面对如此严峻的形势，梅娘通过善于抒情的笔生动描绘了她们所遭受的磨难和痛苦，同情她们的经历并深刻剖析她们的心灵。她用《动手术之前》中的一位女病人的口述表达了她对于这种不平等的现象的呐喊，呼喊女性摆脱男性的控制，不要依附于他们，要拥有属于自己的自由和权利。《蚌》中梅丽在惨遭情人琦的抛弃后开始觉醒：

> 一个人——我只自己，我要同情，要安慰，要鼓励，我不是白痴，不是傻子，有机会，我会做出一点什么来的，至少我要我身边的女人们明白，只有女人才能同情、理解女人，只有女人联合起来才能自救。[①]

知识女青年在遇到生存的困境时开始觉醒。梅娘的小说不仅仅局限于女性的反抗，作品中还描写了对异族压迫的反抗。战争时期的女性也许是弱势的，但是她们的精神却不会在战争中消失。白朗，一位在革命的号召下用笔墨激励大家奋勇向前、参加革命的作家。她作品中的人物拥有强烈的革命意识和爱国情怀、有着觉醒的民族意识以及不畏生死的战斗精神，这些让她的小说充满了正能量。《叛逆的儿子》中

---

① 张泉. 梅娘小说散文集 [G]. 北京：北京出版社，1997：45。

儿子是觉醒的青年，反对父亲压迫农民的地主行径，愿意为了劳苦大众争权而牺牲生命。那决绝的态度正是作家对抗封建势力的战书。白朗早期的作品中女性人物就具有较强的革命性，她笔下的女性人物不论是不是革命者，最终都会走在革命的道路上。白朗不着力描写女性的生存状态，她更多的是指出女性解放的唯一道路是革命道路，即通过革命的方法，女性将获得平等的权利和爱情，在革命中成为社会的一分子，成为令人敬仰的存在，从而摆脱女性的生存困境，找到自我的存在价值。《生与死》中老伯母为了挽救革命青年的生命而放弃自己的工作甚至牺牲自己的生命，表明即使是没有知识文化的老农妇，也可以通过救助革命事业而获得性别的解放和社会地位的提升。

（二）在抗争下爱情主题的消磨

爱情一直都是文学创作最为动人的地方，有人说爱情的美丽是文学中最为灿烂的花朵，中国现当代文学从一开始就将爱情作为重要的一部分。郁达夫《沉沦》中对自己爱情感受的剖析；巴金在《家》中对一代知识青年爱情悲剧的抒发；更别提文学创作中女性创作的爱情主题繁多了。但是，在东北沦陷区女性作家的作品中，纯爱情作品消失殆尽，曾经作为贯穿文学史的永恒话题的爱情主题在沦陷区文学中消失了踪影，即使在梅娘的作品中爱情也只是作为女性觉醒的一个条件而已，就像在《蚌》中主人公梅丽的觉醒是因为爱人琦的抛弃。如果没有爱人的抛弃，生活在幸福中的她也许不能够对自己、对人生有更为痛彻的认识和了解。同时，在梅娘的另一篇短篇小说《侏儒》中，爱情只是主人公"我"的身份背景，"我"因为有爱人而能够得到丰衣足食的生活和相对安稳的环境。爱情在梅娘的创作中不再是作为女性文学创作的必备中心主题出现，而是作为一种简单的外在因素存在于文本中，它起到的作用只是使文章的背景、情节、发展更为合理，而不是抒发的主要情感因素。在梅娘的作品中，作者更为关注"静听城市贫民们的哀叹和呻吟，感应社会底层真实的挣扎与痛苦"①，从底层人民的身上去发掘人性的阴暗和社会生活的百态，用女性柔软纤细的细腻笔触关照冷漠的世俗社会。同样，在萧红的作品中，爱情更是女性沦为可怜的人的一个导火索。《生死场》中金枝因为与成业的自由爱情而在结婚前尝到禁果，但是美好的只是男人的谎言，婚后成业的性虐待和摔死女儿都无不在诉说着爱情的虚伪。在白朗作品中女性的爱情让位于政治主题，就像在《一个奇怪的吻》中李华和姚行谦的爱情是杀身成仁般贡献给了革命。这一现象说明了女性在社会中人的尊严之低，就像萧红说的："女性的天空是低的。"女性在当时的文化中依然没有逃脱被压迫的地位，甚至因为战争，本来就弱势的群体遭受到了更为残酷的对待，生存条件更为苛刻，因此，东北作家群中的女性作家不再仅仅关注爱情本身的喜怒哀乐，而是将爱情建筑在社会层面上考虑，深入地探讨女性生命的遭遇，也因此以抗争为内容的民族解放成为作家创作的话语主题，爱情的主题也随之消散在革命的激情和理想中。没有风花雪月的浪漫，也没有个人细腻的感情描摹，只有现实地描写在日本侵略者铁蹄下人们生活的苦难和悲惨，以及小人物的生存危机。

（三）抗争表现的爱国精神

沦陷区文学是生活在殖民地的作家创作的集合，在这种民族矛盾中生存的作家写作出来的作品天然地带有爱国色彩。当不再有自身，只有民族压迫时，作家对于"国家"的体悟自然与关内的作家情感不同，这种体悟更为深刻和发人深省，感受的不再是自己内心的柔软，而将视角投放到社会大环境中，思索在社会生存不易时人们各自的选择和对事件的百种态度。她们将自我情感诉诸作品，展现的就是饱含深情和苦痛的令人潸然泪下的作品。萧红的《生死场》描写了"九一八事变之前，在这个偏僻的小村庄，农民蚊子似的生活着""糊糊涂涂地生殖，乱七八糟地死亡，他们似乎不晓得什么是国家，也许是忘

---

① 包学菊. 从底层书写到性别话语——梅娘在东北沦陷区小说创作钩沉 [J]. 社会科学论坛（学术研究卷），2008（5）：104。

掉了自己是哪一国的国民"①，只有在生死关头挣扎地活着的故事，但他们即使活得艰难、无知，仍有像赵三一样的人站起来希望推翻日本侵略者的统治，举起手中的武器拼命抵抗，不做亡国奴，憧憬获得更好的生活。同时，他们也会收留革命女青年，即使冒着生命危险也要为革命事业做出贡献。文中写道：

> 老赵三立到桌子前面，他不发声，先流泪："国……国亡了！我……我也……老了！你们还年轻，你们去救国吧！我的老骨头再……再也不中用了！我是个老亡国奴，我不会眼见你们把日本旗撕碎，等着我埋在坟里……也要把中国旗子插在坟顶，我是中国人！我要中国旗子。我不当亡国奴，生是中国人，死是中国鬼……不……不是亡……"②

在这个片段中深含着无知识的老农民心底最真诚的爱国之情，让人动容。萧红这种直抒胸臆的爱国，震撼人心，而梅娘的爱国是如涓涓流水般渗透出浓浓的情感。《傍晚的喜剧》用沦陷区那种混乱的社会关系以及内掌柜用朝鲜师哥去攀附日本侵略者的丑态隐透出对沦陷区的人性丑恶的尖锐批判和对亡国之人的伤痛。其中对小孩的残暴更是触目惊心的：

> 一手拎着耳朵，另一个手操起了领子，十四岁的瘦小的小六子就跟一只鸡似的叫那胖大的男孩子拖了出去。③

无独有偶，白朗后期的长篇小说《爱的召唤》通过描写抗美援朝战争下卫生列车上的人不断革命化表达了一种革命性的爱国，有为了

① 孙延林. 萧红研究 [G]. 哈尔滨：哈尔滨出版社，1993：37。
② 王立民，丛坤. 萧红集 [G]. 哈尔滨：黑龙江大学出版社，2011：232。
③ 张泉. 梅娘小说散文集 [G]. 北京：北京出版社，1997：58。

任务完成不惜生命的刘班长，也有一直奋斗不息的丁蓝，还有奋不顾身的战士等，每一个人物都是发自肺腑地爱国，她们没有太多对于名利的渴望，只剩下爱国、敬业、奉献。他们是主流话语中爱国者的代表，没有多么高的学历，没有舒适的生活环境，更没有多高的报酬，只是一腔爱国之情让他们在国家危亡时刻为祖国的明天而奋斗。这种纯粹的爱国情感是白朗作品中最大的特点。总而言之，这些女性作家在自己的作品中都不同程度地倾注了爱国情怀，和之前的女性作家私人性的创作比较，东北作家群中的女性作家开始摆脱自我抒情的狭小圈子，在时代发展的影响下用文字去记录这个世界，同时由于受到左翼文学的影响，她们的创作也逐渐带有一种批判社会的写实色彩，摆脱了早期左翼文学"革命+恋爱"模式的革命文学，更加注重用文字去记述生活的痛苦。虽然女性作家较男性作家来说更多地关注自己的内心，但是在时代的影响下仍然把社会责任放在身上，她们也是社会的一分子。爱国的情感是社会成员不可磨灭的情感，因而她们的作品带有浓烈的爱国之情。

二、女性成长与母性情感

女性在社会中一直被视为生育工具。传统文化中，女性一直是"大门不出二门不迈"，被封锁于男性统治之下，男人"时常将女人作为自己生存道路上的扶助工具——就像雨伞和手杖一样"[1]。但是近代以后，女性解放的进程不断发展，女性不断觉醒，开始思考怎样获取和男性同等的社会地位，并深度研究女性的出路问题，给出了自己的观点，发出属于女性自己的呼喊，摆脱"他者"的文学语言境况。女性为了摆脱束缚要求母性特征弱化，但母性时而促进其发展，时而阻碍其发展，从而形成独立存在而又相互影响的两个

---

① 刘慧英. 走出男权传统的樊篱——文学中男权意识的批判［M］. 北京：生活·读书·新知三联书店，1996：72。

因素。

（一）女性现实处境和母性的淡漠

在中国文学史上，古代文学中大部分的女性形象是由男性来表达的，题材主要是表达一种闺怨。到了现当代文学中，由于文学创作中女性作家的加入，女性的情感也逐渐受到关注，女性特有的情感的细腻和曲折也被表现出来。等到了东北作家群的创作中，对女性角色的表现，反而不如之前作家的作品深刻。萧红《生死场》中的金枝进入城市后被强暴，最后出家做了尼姑，我们能够很清晰地看到女性在以男性为本位的社会中被奴役的现实，在各种压迫下的女性的凄凉悲惨。面对这种悲惨的命运，女性忽略了母性的存在，对待小孩子没有了一种仁慈和关爱，被生活压迫的人们在弱小的孩子身上找到了无谓的安慰。《生死场》中成业辱骂孩子，作为母亲的金枝只有"垂了头"，当成业摔死小金枝的时候，金枝只是"暴跳起来"没有挽留。同样，在文章中，王婆在将老马拉进屠宰场的路上的景象更是令人发指：

> 又安然走在大道上了！经过一些荒凉的家屋，经过几座颓败的小庙。一个小庙前躺着个死了的小孩，那是用一捆谷草束扎着的。孩子小小的头顶露在外面，可怜的小脚从草梢直伸出来；他是谁家的孩子，睡在这旷野的小庙前？[①]

这凉薄的场景让人感叹女性在"妻性"的压迫下母性的丧失和弱化。母亲，这温暖的字眼不复存在，甚至很多人认为孩子是女性走向解放的羁绊，孩子将女性围困在家庭中，导致女性社会角色倾向家庭，最终让母性减弱。白朗的创作明显不同于萧红的就是对于母性的理解和处理。萧红的创作中，个体的悲剧已经非常惨痛了，而将这种

---

① 王立民，丛坤. 萧红集 [G]. 哈尔滨：黑龙江大学出版社，2011：192。

悲痛加在小孩子的身上也就更为强化了这种悲剧，母性主题对于萧红来说是一种对比的条件，用来表现当时社会状况的对比点。白朗的创作却是完全的革命思维，为了证明女性的平等地位，白朗对于女性的观点是完全否定了母性，女性应该和男性一样为了事业而奋斗，而不是将精力放在生儿育女上，母性的存在对于女性来说是一种负担和累赘。白朗的观点是对封建社会几千年的男权主义的一种反驳，但是也表明了女性母性意识的丧失。

（二）女性初步意识觉醒与母爱增强

开始觉醒的女性不再是附庸，她们在探索自己的道路时依然坚守作为母亲的责任与义务。在梅娘的"水族系列"和一些短篇作品中一直存在相类似的女性形象。从《蚌》中的梅丽、《蟹》中的孙玲到《鱼》里的芬，再到《小妇人》中的凤凰，以及《侏儒》中没有姓名的主人公，她们都是有着一定的知识文化的年轻女性，外表柔软温和又受到先进文化熏陶的她们却想要打破传统的男权中心论，想要争取平等的社会地位。梅娘的《蚌》中，梅丽在面对也许会未婚先孕的情况时想的却是"去做女工，去做老妈子，甚至去做女招待也好，把孩子养大"①，她们不再退缩于社会压力，而是勇敢地面对道路上的困难，甚至在生命面前依然会思考孩子，就像《动手术之前》中得了"脏病"的女人在手术之前依然渴望能够生下孩子，"为了我体内的新的生命，要重新地生活得更好"，女性在母性中升华，拥有独立意识，想要离开家庭的束缚。她们也开始关注社会，用爱和温暖使道德沦丧的社会拥有一丝光明，像《侏儒》中的女主人公对于侏儒的内心和生存的关心和同情更是体现了觉醒女性的真、善、美。除了开始觉醒作为女性的母爱精神，梅娘的女性意识还在于开始批判男性文化和男权主义。在《动手术之前》中梅娘说道：

① 张泉．梅娘小说散文集［G］．北京：北京出版社，1997：68。

什么都是你们，你们男人逼得女人那样，你们倚持几千
年延续下来的以男人为中心的优越地位，在社会上横行，欺
凌女人、玩弄女人，逼使女人不得不以她宝贵的肉体去换取
生存的时候，嘲笑她，唾弃她，推她落入死谷……没有一个
男人承认自己是在间接、直接地摧残着女人。①

萧红在探索女性出路时曾提出出路是在经济独立的基础上，还需
要相同的文化背景和爱好，拥有这样的条件后，女性能够很好地与男
性沟通，通过自身的改造得到男性认可。萧红的出路在大多时候是改
变自身去适应社会，而不是怀疑社会制度，具有一定局限性。梅娘的
道路在于出走，想要摆脱家族束缚，离开封建牢笼，获得人身自由，
但是社会的大环境依旧是那个腐朽的样子，这就导致女性离开之后的
回归，就像《鱼》中芬曾经打破封建的束缚并且和琳自由结婚，但是
生活压力使得他们回归了封建家庭。白朗的出路则是参加革命，在革
命中不断为民族解放和反帝反封建而奋斗，在革命道路上结识志同道
合的伙伴，就像谢冰莹所说的：

在这个伟大的时代里，我忘记了自己是女人，从不想到
个人的事，我只希望把生命献给革命。②

这样的道路在革命期间有大量文学作品去表现，作为左翼文学一
员的白朗即使是一位女性，也没有摆脱这种时代的话语叙事方式。没
有这种背景的萧红和梅娘虽然也是倾向左翼文学，但作品中的这种色
彩就相对少了很多。叙事方式不同的背后是相同的爱国情怀，萧红通

---

① 张泉. 梅娘小说散文集［G］. 北京：北京出版社，1997：36。
② 阎纯德. 20世纪中国著名女作家传［G］. 北京：中国文联出版公司，
1995：66。

过描写土地上生活的百姓来展示，梅娘则通过侧面描写残忍的人性来表现，白朗就是采用直抒情感的表达方式。

三、多样的语言表达和多重话语表现

文学语言对于作家来说如同私人印章一般，有辨识度的作家通过自己独特的书写语言在文学史上留下了浓墨重彩的一笔。比如沈从文的诗化小说，茅盾开阔宏伟的场面描写，鲁迅充满力量的深沉话语，郭沫若充满想象力的语言表达，都是文学史的财富。东北作家群中的女性作家虽然没有像以上作家一样个性鲜明，但是她们也形成了自己的描写风格，这对于女性作家来说是难能可贵的一点。

（一）力透纸背的语言力量

东北女性作家通过笔尖给予麻木中的女性以反思和启迪，就像一面镜子一样让当时的女性明白了自己生存的面貌。为了更好地起到宣传效果，作家们用力透纸背的语言力量将女性唤醒，给予女性精神上的启蒙。萧红的作品不是用粗犷豪放的笔调冲开了人们心灵的闸门，也不是用奔泻汹涌的气势震撼读者，而是用"深沉委婉、娓娓真挚的情思来拨动读者的心弦"①，那淡淡而有力的语言迸发着浓浓的情感。《呼兰河传》中没有太多的修饰语，但是如文章中描写的爷孙温情的片段，那种内心的伤痛就溢于言表了：

> 呼兰河小城里边，以前住着我的祖父，现在埋着我的祖
>
> 父。我生的时候，祖父已经六十多岁了，我长到四五岁时，
>
> 祖父就七十了。我还没有长到二十岁，祖父就七八十岁了。

---

① 黄晓娟. 雪中芭蕉：萧红创作论 [M]. 北京：中央编译出版社，2003：213。

祖父一过了八十，祖父就死了。①

一段话更是将文章从之前的叙述我小时候的天真无邪转到了描述小镇中其他人事中，画风一转，承上启下，内涵丰富。

梅娘的作品语言被人称作力透纸背地描写出了东北人民生活的悲痛和苦难。在《侏儒》中，人们对侏儒非打即骂，用污言秽语糟践侏儒，让人不禁厌恶这种碎嘴的人。最后侏儒为救"我"而被狗咬死的场景更是骇人听闻，侧面表现出社会黑暗和道德沦丧，表达作者在写作时内心的波动。曾有人这样评价梅娘的作品："梅娘作品的显著特点是博施济众的泛爱胸襟，积极入世的主观视角，非常规化的女性语言。她关注和爱护的是女人，却流泻出对人的关注与爱护。"②

白朗的语言和萧红、梅娘相比力量稍逊一筹，没有激烈的语言，只有淡淡的描述，但人物激昂的性格和行为同样撼动人心。《一个奇怪的吻》的最后，李华欺骗姚行谦给了他生路，自己选择了死亡，书中写道："我死了，无论谁都不要为我流泪，当我瞑目之前，我看到了一个为我爱的人正向为民族而牺牲的大路走去，我仿佛也看见了他的血花，我是快慰地死了！"③这样的冷静语调描述死亡，更给予读者强烈的震撼。

她们用自己独特的语言撼动人们的心，给予人们力量、奋进和改变。

（二）细腻柔和的情感抒发

女性作家由于她们特殊的情感感受能力和心灵体验，善于用感情的细节波动来表现时代下女性的生活和情感状况，即使是人们小小的

---

① 萧红. 呼兰河传 [M]. 哈尔滨：黑龙江人民出版社，1979：15。

② 张泉. 梅娘：她的史境和她的作品世界 [J]. 首都师范大学学报（社会科学版），1997（2）：56。

③ 王立民，丛坤. 白朗集 [G]. 哈尔滨：黑龙江大学出版社，2011：72。

眼神交流，她们也能从中体会到人们的感受，反映出人们的价值观和社会观。

萧红是一个非常特殊的作家，她十分擅长景物描写，如小学课本中的《火烧云》中描写云彩变化的片段：

> 这地方的火烧云变化极多，一会儿红彤彤的，一会儿金灿灿的，一会儿半紫半黄，一会儿半灰半百合色。葡萄灰，梨黄，茄子紫，这些颜色天空都有，还有些说也说不出来、见也没见过的颜色。
>
> 一会儿，天空出现一匹马，马头向南，马尾向西。马是跪着的，像等人骑上它的背，它才站起来似的。过了两三秒钟，那匹马大起来了，腿伸开了，脖子也长了，尾巴可不见了。看的人正在寻找马尾巴，那马变模糊了。
>
> 忽然又来了一条大狗。那狗十分凶猛，在向前跑，后边似乎还跟着好几条小狗。跑着跑着，小狗不知哪里去了，大狗也不见了。
>
> 接着又来了一头大狮子，跟庙门前的石头狮子一模一样，也那么大，也那样蹲着，很威武很镇静地蹲着。可是一转眼就变了，再也找不着了。[1]

她用这种力与美的对比彰显着她迥异的风格和写作特色——"细致的观察和越轨的笔致"。除了较为细腻的笔墨，更为人称赞的是其作品似乎散漫，没有选择，却真实而全面地勾勒了东北农村男男女女在日本侵占东北前后的生存状态和变化，"既叙述了民族主体的诞生过程，也探讨了妇女在社会和民族中的权力及能动力"[2]。

---

① 萧红. 呼兰河传 [M]. 哈尔滨：黑龙江人民出版社，1979：45。

② 吴晓佳. 萧红：民族与女性之间的"大智勇者"[J]. 清华大学学报（哲学社会科学版），2009（2）：87。

梅娘则用回忆性叙述方式，让作品有了一种"厚重的历史感"，她摆脱了简单的抒情方式，用一种冷静的视角来审察过往，使作品更具有说服力，有时她也用第一人称细致地描写情感世界细微的变化。如《蟹》中的女主人公孙玲："玲玲第一次觉到了祥跟家里的所有男人一样，他们只不过是玩女人，玩女人消遣生命。她认为属于新型男人的堂哥也不过是披了张新派的外壳。"从玲玲的表述中可以看到，对于当时社会中的男权中心，她是全然清楚的，在寻求解决的路上，她走得艰难，最后也没有摆脱社会的枷锁而香消玉殒。梅娘将她的思想发展都论述得很明白，仿佛在眼前一样。

　　白朗更是一位细腻的作家，每一句对话中都是委婉的笔调，不管是青年还是老人都是那种温柔的叙述和心理历程的表达。这种叙事虽然很具有女性特色，但有时带来的却是人物形象不鲜明，仿佛所有人物都是一样的。思想上也是非常合拍的，没有什么矛盾和冲突的地方。与情节的相对简单相反的是，白朗作品中对于人物思想内心描写得很仔细，在《白朗文集》中内心细腻的描写可以说是白朗写作的一大特色，人物内心的焦灼很好地展现出来：

　　　　已经是几夜没有睡过一个甜蜜的觉了。日里，工作、奔走与愁思，已经使我病态的脑过分地疲劳。夜来临时，我便深切地感到再也支持不起了。我几乎是闭着眼睛脱下长衫的，仿佛头一接触枕头，就会立刻睡去似的。可是，当我的神志一开始迷乱时，勃的影子便出现了，那是在似梦非梦中。就这样，我很快地就清醒过来，任凭怎样努力，再也不能恢复一点睡意了。

　　　　每夜，我伴着彻夜不熄的电灯，像一只守夜的狗，睁着眼睛渴盼着黎明。鸡鸣、犬吠，更夫的柝声，轮流地在静夜中逡巡，这些使我憎厌的动静，足够敲碎我不眠者的心了。

我很想趁着这不眠的夜读一点书。但，可怜得很，我的书架上、箱笼里，残存着的只是一些线装的"圣贤书"，在勃的父亲的查禁下，我更不敢借书回家，带着标点符号的书，在我们的家庭中已成为违禁的东西。就连我那本被敌人逮捕了而又释放了的日记，都让勃的父亲强制地给丢进火炉里去了。他似乎比敌人更加苛酷地监视着我呀！[1]

（三）多重的话语和独特的形式

东北作家群中的女性作家的文章存在多重的话语形式。萧红语言内含的是一种爆发的力量，《生死场》笔端的漠视和深处的痛苦交织成对东北人民生存状况和民族存续的担忧；《呼兰河传》中虽以孩童为叙事主体，但其中内蕴着对周遭人物如小团圆媳妇、冯歪嘴子、有二伯等悲惨命运的同情，笔调不是沉重的，更多是天真无知觉的叙述方式。不同于萧红的社会性关注视角，梅娘的写作大多关注自我的情感表达，虽然其中也有感慨世事艰难的内容，但是其话语形式是自我的，就像《蚌》《蟹》等小说中所展现的那样，人物的内心情感表现得很丰富。除了自由的表达，还有"对被侮辱与被损害的女人的命运的关怀，对人的命运的关怀，使得梅娘的作品既是那个时代和那个地域的，同时又具备了对超越特定时空的政治历史进行多角度阐释的可能性"[2]。更符合那个时代的大概就是白朗了。她的话语是时代中常见的革命性话语，从事左翼文学活动的白朗在当时写作自然而然更多地带有鼓动性语言，而相较于男性作家阔大、雄厚、激情的语言，白朗的创作则是关注女性感兴趣的感情方面的内容，在《一个奇怪的吻》中叙述的就是一对互有感情的革命者在被追杀中牺牲的故事。既有革命的激情，也有爱情的味道，更

---

[1] 白朗. 白朗文集（1）[M]. 春风文艺出版社，1994。

[2] 张泉. 梅娘：她的史境和她的作品世界 [J]. 首都师范大学学报（社会科学版），1997（2）：55。

符合当时的时代环境。

话语的多重性是由于复杂的社会现状所决定的，除此之外，东北作家群中的女性作家更是创造了独特的形式来抒发自己的感情。相较于开创新风的第一代女性作家叙述内容的多姿多彩，东北作家群中的女性作家在写作形式的创新方面做出了很重要的贡献。《呼兰河传》是萧红的代表作，完全小孩子的口吻为萧红的写作功力正名了，同时不拘一格的形式也给这篇文章在描述小镇的落后所形成的那种强烈的对照效果做了加成。无独有偶，梅娘在小说形式上也倾注了心思，《蟹》中用第二人称"你"来叙述让人眼前一亮，完全私人性的语言抒发也借助这种形式渗透人心。《动手术之前》更是全篇用第一人称描绘深受"脏病"困扰、受尽他人白眼的女主人公内心强烈的波动。白朗作品中强烈的革命色彩也是之前的作品很少有的，文章中独特的女性革命内容非常能够激发当时人们内心的情感。她们就用自己所擅长的语言和形式去抒发她们对于社会、对于人生、对于革命的看法，坚强而美丽。

面对混乱的世界，东北的沦陷和亡国奴的身份，她们从出生开始伴随成长的就是战争和困难，在与苦难的抗争中不断汲取营养。同时，作为女性她们没有躲在男人的后面，而是勇敢地站在文学的前沿，关心劳苦大众，关注女性的生存道路，为了民族解放和社会平等在不断前进，用笔杆子创造了属于她们独特而自成风景的文学时期。也许她们的创作会有不成熟的地方，但是她们努力去描述铁蹄下的时代画面、绘出贫民生活的精神足以让今天的我们学习。为了女性的地位，她们娓娓道来般细致地为我们展现了那个时代女性的生活状态，让我们明白今天的女性拥有的平等地位是通过不懈的努力得来的。在无数的女性忍受反抗的痛苦和悲剧结果后，我们才有了今天的美丽景象。东北女性作家打破了自古以来男性执掌话语权的历史，在之前的女性作家引导下不断呼唤、呐喊，努力实现为女性争权的理想。所以，她们的作品中会有那么浓烈的感情，真挚而动人。

除了感情外，她们的笔法也不同于东北作家群中的男性作家，即使是悲壮的事，她们也会细腻地表现，而不是那种大开大合的豪放写作。她们对于自身的命运虽然也有感叹，但是总是深藏在文本中，不轻易被人发现。她们的这种写作方式也影响了后世的写作，为女性所效仿。也许随着历史的流去，我们会淡忘这些作家，但是她们的精神永远值得我们学习。

下编
罗烽创作研究

鲁迅乡土书写与知识分子精神的双重延续
——罗烽小说创作研究

罗烽是中国现代文学史上东北作家群中的重要作家之一。然而，从目前的文学史书写来看，对于罗烽的重视还不够。本文论述鲁迅对于罗烽的影响，但并不局限于从罗烽的作品中寻找鲁迅的影子，而是试图以鲁迅的思想价值与文学创作价值观照罗烽，进一步挖掘罗烽创作的文学史意义。

鲁迅是深深地影响过罗烽的。早在罗烽刚刚接触新文学时，就曾经过胡起的介绍加入了进步青年的读书会，并开始接触鲁迅翻译的日本文论家厨川白村所著的《苦闷的象征》、鲁迅的杂文，以及在鲁迅的栽培下成长起来的柔石创作的《二月》①。罗烽与妻子白朗来到上海加入左联以后，鲁迅在给萧军的信中写道："你的两位朋友来了，很好，等身体好些再见他们。"然而遗憾的是，鲁迅在1936年去世。当罗烽从报童叫卖的号外上惊悉这一噩耗时，饭也没吃完，与朋友舒群、荒煤三人抱头痛哭一场②。这些实证都表明罗烽对鲁迅的深深的敬仰之情。鲁迅深刻的思想以及不畏危险介入现实政治、批判社会黑暗的勇气深深地影响过几代青年。罗烽也能够自觉地在创

---

① 金玉良．落英无声——忆父亲母亲罗烽、白朗［M］．北京：文化艺术出版社，2009：128。

② 金玉良．落英无声——忆父亲母亲罗烽、白朗［M］．北京：文化艺术出版社，2009：169。

作中继承鲁迅。罗烽对鲁迅的继承主要体现在思想精神方面、人物形象塑造方面以及艺术手法方面。

一、罗烽对鲁迅精神的继承与延伸

罗烽作为知识分子，在精神上继承了鲁迅，他对时代的"共名"进行追问，对20世纪30年代中国农民的共性进行反思，有着鲁迅式知识分子的忏悔意识。但这一切都深深地打上了不同于鲁迅小说的时代烙印，那就是"战时"的时代特质。也正是在这个意义上，罗烽在30年代的小说创作体现出对于鲁迅精神的延伸。

（一）对时代"共名"的追问

"共名"是指某个时代的一些重大而统一的时代主题①。20世纪20年代，五四新文化运动倡导者高举的两面大旗是"民主"和"科学"，而五四新文学的中心意义是"启蒙"。早在五四运动之前，鲁迅就对五四运动的这些"共名"进行了追问，即他所说的"请循其本"。鲁迅在留学日本时期，曾写过《科学史教篇》这篇重要的论文。在这里，鲁迅看到了西方发展"多缘于科学之进步"，因此肯定科学的积极意义，还将居里夫人对镭的发现介绍进中国。但鲁迅同时如果将科学"视若一切存在之根本"，就必然使得人的精神世界受到压制，直至陷入物质崇拜。因此鲁迅指出要"培物质而张灵明"。同样，在鲁迅看来，"民主"在中国是尤其宝贵的，也是要坚持的，但一旦将民主发展为极端，就会陷入"众数"崇拜，出现"同是者是，独是者非，以多数临天下而暴独行者"的另一种多数人对少数人的专制。为此鲁迅提出要"任个性而排众数"。总之，鲁迅对于20年代的时代"共名"都有自己的独特思考，这种怀疑精神正是鲁迅思想深刻的原因所在。

---

① 陈思和. 试论90年代文学的无名特征及其当代性 [J]. 复旦学报（社会科学版），2001（1）。

到了20世纪30年代，中国社会发生深刻变化，日本侵华这一历史事件对中国文坛的强势介入必然使得中国社会的"共名"发生变化。如果说20年代中国的时代"共名"是"启蒙""民主""科学"，那么30年代后期的"共名"就变成了"抗战"。在因东北故乡被日军侵占而不得不转移上海的罗烽看来，中国人民的抗战无疑是具有正义性的，他的小说《旗手》就讲述了一位有着钢铁一般斗志的抗日战士壮烈牺牲的故事；小说《第七个坑》也用反讽的写法说明在敌人的压迫下必然要进行反抗，其表现的态度近乎疾言厉色。

然而作为知识分子的罗烽同样没有忽略对于个体生命的关注。罗烽是以自己作为一名知识分子的感受来表现当时的知识分子对于战争的恐惧心理的。在中篇小说《归来》中，罗烽借助对主人公黎典内心真实的心理倾诉和言语表达，反映了战争时期理性与人性的冲突。主人公黎典在听到何宣传员以光荣来鼓励孩子们上战场抗战和牺牲的时候，想到"从痛苦中，或者从死亡中，得到了光荣，对于自己有什么意义"①。在思考后，黎典认为"在死的头上加上桂冠，不是自己的光荣，而是自己最不可挽回和补救的损失"，并慨叹"死的累计，光荣的空虚，悲剧从此蔓延下去"②。这些思考体现出作者不局限于时代主流的独立精神，体现了知识分子对于时代的"宏大概念"下的个人生存境况的观照。

(二) 对战时中国国民性的批判

鲁迅在"幻灯片事件"中敏锐地看到了当时中国人的"愚弱"。正是中国人的"看客"心态使得鲁迅深深地感到医学救国的无力，进而走上了为"揭出病苦，引起疗救的注意"而提倡文艺的道路。鲁迅小说中对于中国国民性的刻画和批判可谓入木三分。这些体现着国民劣根性的人物——无论是不断地用"精神胜利法"来作为"优胜记略"的阿Q，还是《示众》《祝福》《铸剑》中的那些看客——都在鲁

① 罗烽. 罗烽集 [M]. 哈尔滨：黑龙江大学出版社，2011：212。
② 罗烽. 罗烽集 [M]. 哈尔滨：黑龙江大学出版社，2011：215。

迅的笔下成为一个又一个典型。在东北作家群中，萧红的《呼兰河传》对于小团圆媳妇之死的刻画继承了鲁迅写作的这一个方面，但这种继承仍然是在农村的封闭空间内进行的。而罗烽的意义在于将对于中国国民性的考察与批判置于抗战的新的时代特质下进行表现。因此罗烽小说表现的国民性不仅仅有看客的麻木，更有中国人，特别是中国农民奴性的精神状态，以及在面对外敌带来的生存危机时仍然进行窝里斗的思维方式等。

短篇小说《第七个坑》主要写皮鞋匠耿大在被一个日本兵抓去后做苦力挖坑，这些坑活埋了一个又一个中国人——其中还有耿大的亲人——而当日本兵下令第七个坑埋下的将是耿大本人时，他终于"运足全身所有的力量，抢起那锋利轻快的军用锹，突然向那个兵的头部劈下去"[①]。当他打死日本兵，从第五个坑中扯出自己的亲人时，他们都已经死了。造成小说中悲剧的原因正在于耿大的奴性。这种奴性使得他不到危险涉及他自己生命的时候"决不"起身反抗。

在短篇小说《狱》中，"我"与一个胡姓农民在监狱中的对话生动地表现了当时中国农民的那种根深蒂固的奴性。当他听说在哈尔滨的监狱，只要为日军干一个月就会得到列巴和素波时，竟然想到"一年养一个多好"。他根本没有将日本对中国的侵略当成奴役，而是认为只要短期内生活好，为谁干都是干。下面这段描写对中国农民奴性的刻画尤其传神：

> "这里还管洗澡吗？"那个年轻的问我。
>
> "管。"
>
> "哈尔滨地方好，哈尔滨的监狱也好。富锦县监狱可太缺德啦，饭不管饱，凉水也不给，妈的！"
>
> 十个人一伙开始洗澡了。第三次，我和那个最年轻的在

---

① 罗烽. 罗烽集［M］. 哈尔滨：黑龙江大学出版社，2011：46。

一伙，当他看见水从自来水管往外流注，他就奇怪地拍手跳踉起来。他似乎什么都忘了，他忘了这是监狱，有狱卒，有皮鞭。

直到皮鞭抽在他的脊梁上，他才恍然大悟：自己是过于放肆了。

狱卒一瞬眼的工夫，他面着墙壁窃笑起来。[①]

在受到奴役自己的人给的恩赐后就"跳踉""似乎什么都忘了"，在被奴役自己的人打过一鞭子后就"窃笑"起来。胡姓农民的表现与鲁迅笔下那个平时得意忘形，而在被别人打过以后就说自己是虫子的阿Q多么神似！

除了奴性之外，罗烽小说还表现了在外敌侵略时，中国人并非一致对外，而是在搞"窝里斗"的思维方式。之所以说这是一种思维方式，是因为这种在面对危机的时候不分敌我，也不思考谁是真正将危机带给自己的人，而只是去争得眼前利益的这种思维，已经深深地进入当时中国人的潜意识之中。

中篇小说《粮食》就围绕题目中的粮食展开了对中国国民性中窝里斗的思维方式的书写。小说写在农村家乡被日军占领后，农民们在农民救国会的带领下离乡避难。但正值初秋，因此农民都陷于饥饿之中。这时，孙发和赵斌等人想到要想活命，就必须趁着秋收之初，在夜里偷偷回到地里抢割庄稼。这种冒着生命危险的行为本身就是没有办法的办法，孙发等人也在黑夜里勇敢地割回了许多谷子。但令人们没有想到的是，由于孙发等人割的是乡绅田凤起土地上的谷子，严重的纠纷也就继之而起了。许多乡绅和农民将偷割的情形连同"人犯"一起告到农民救国会那里去。在对簿公堂的时候，同去偷割的农民恨天高还由于农民救国会的威逼揭发孙发，于是孙发和赵斌等人被关进

① 罗烽. 罗烽集 [M]. 哈尔滨：黑龙江大学出版社，2011：18.

牢中。后来也就没人敢去偷割庄稼了。后来在形势进一步危急的情况下，农民救国会秘书郭沛林竟然设计分粮，让出狱的孙发去乡绅田凤起家闹事，然后逮捕了他并判以死刑。

颇有意味的是，文章没写日军与农民抢粮，也没有表现日军的残暴，这"无事的悲剧"完全是农民自己造成的。正是这些只知道窝里斗的人将孙发这个群体中的勇敢者逼向死亡，同时将自己逼得"自相残杀""生灵涂炭"。同样别有意味的是，作者在文中用了许多农民常说的歇后语和俗语，如"反正天塌有个大子，地陷有个矬子""买咸鱼放生——不知死活""火烧冰窖——该燃（然）啦"，这些都是当时的中国农民在面对困难和危机时挂在嘴边的"那种颓废而无聊的话"，为的是用这种"骗和瞒"的方式来减轻自己的痛苦。这种减轻痛苦的方式也是一种"精神胜利法"。

鲁迅对20世纪20年代中国人的生存处境也有过这方面的思考。《示众》一文除了正面展现看客形象外，还从整体的角度表现了当时中国人的生存处境——"总是在互相'堵''挡''塞'着，挤压着他人的生存空间；于是就引起无休止的争斗：'打'着，'冲'着，'撞'着，等等"①。当时中国人内部的关系已经如此呈现，而当30年代的日本侵略势力从外部挤压中国人的"生存空间"时，中国人的窝里斗就更加突出，也更加戏剧化。

罗烽的小说之所以表现出中国农民在当时的那种共性，正是因为他看到了在抗战时期国民性中被放大的一面——这就是中国农民的奴性的精神状态和窝里斗的思维方式。很大程度上是因为他们没能看清在那个外族入侵的岁月里，抗战的意义到底是什么，所以只能是一盘散沙。于是他们苟活于世，只求自保。

（三）知识分子的忏悔意识

鲁迅曾说："我的确时时解剖别人，然而更多的是更无情面地解

---

① 钱理群. 鲁迅作品十五讲［M］. 北京：北京大学出版社，2003：39。

剖我自己。"（《坟·写在坟后面》）鲁迅的思想之所以深刻，很大程度上是因为他时常进行自我怀疑、自我批判、自我否定。这就形成了鲁迅作为知识分子在对待受压迫群体，特别是对待农民这一群体时所表现出的忏悔意识。小说《在酒楼上》中的主人公吕纬甫是鲁迅的另一个自己，当吕纬甫在长富家吃荞麦粉时，感到"实在不可口"，不想继续吃，却看到长富的女儿阿顺站在屋角，"于是同时决心，放开喉咙灌下去了"。

当时的知识分子总是想要通过自己的所学来救国救民，而当自己的主张对于改善民众的生活不起作用，甚至自己的行为违背了自己的意志与自己所提出的理念时，就会产生一种忏悔意识。这在罗烽的小说中也有体现。

罗烽小说中经常会出现这种知识分子的忏悔行为。在小说《荒村》中，"我"在一个青年农民家中吃小米粥时，听到他说"你们要是明天来呀，就吃不到咸的啦"。"我"的表现是"听了这样的话，我很后悔不该把盐放在自己的碗里；我无意中剥夺了这家可怜人的口粮！这一件事，我觉得我做得过分残忍了"①。

当这种忏悔意识与作者对于知识分子与民众的关系的思考联系起来时，就体现出作者的深刻性。在短篇小说《呼兰河边》中，孩子和牛犊总是同时出现，他们最后也一起被杀死。可以说，在这篇文章中，孩子和牛犊已经形成一种同构关系，牛犊就象征着孩子。这样看来，当那个为日本侵略者做事的张姓知识分子在不知情的情况下，咬了一口被日本侵略者做熟的牛犊的肉时，也就意味着咬了放牛的孩子的肉。当他意识到自己所吃的是那个牛犊的肉时，立刻"把嘴里的肉喷吐出来，手里的一大块摔到地上，哭了"②。

如果将《呼兰河边》这篇小说与鲁迅的小说《药》平行对比来看，就会有一种特殊的意味和内涵。鲁迅在《药》中通过小栓吃掉蘸

---

① 罗烽. 罗烽集［M］. 哈尔滨：黑龙江大学出版社，2011：94。
② 罗烽. 罗烽集［M］. 哈尔滨：黑龙江大学出版社，2011：7。

了夏瑜的血的馒头的情节，来表现当时农民对于知识分子的启蒙行为的不理解，进而表现知识分子进行启蒙行为的无力。非但启蒙无法实现，民众还会心安理得地吃启蒙者的血。《呼兰河边》中，同事张吃牛犊（孩子）的肉则表现了在战争年代知识分子救亡行为的无力。非但救亡无法实现，知识分子还会在某些不知情的时候咬掉，甚至差一点就吃掉民众的肉。而当知识分子看到救亡行为失败，甚至会走向它的反面时，就会产生深深的忏悔意识。

可见，罗烽对于生活在乡土农村的农民有着别样的忏悔之情，这主要体现在作者对于知识分子与民众的关系的思考。

二、鲁迅小说在人物形象塑造上对罗烽创作的影响

鲁迅对罗烽创作的影响不仅是思想精神方面的，还体现在具体的写作中。鲁迅小说中有着许多能够代表那个时代人们精神状态的人物。无论是像祥林嫂这样在生活中饱受摧残的农民女性，还是像孔乙己这样的封建旧知识分子，或是像阿Q这样表现国民性的普通人，鲁迅都能刻画出其灵魂。

罗烽的小说对于鲁迅小说的人物形象塑造方面有着某种继承。如罗烽的小说中有许多"狂人"形象，这些狂人实则是作品中最明事理的人物，其举动甚至在小说的最后会导致情节突转。如《一条军裤》中的杨癫脚为全村所崇敬的连长牺牲，实际上是通过一个疯子的举动体现了抗战时期的人性光辉。这类"狂人"表面上是癫狂的，实际上却比当时的普通人更加理解事物的本质，因此可以视为对于鲁迅小说《狂人日记》和《长明灯》中狂人形象的继承与延续。

罗烽对于鲁迅小说中人物形象塑造的继承还体现在对于更加典型的人物形象的书写上。鲁迅笔下典型人物的名字已经可以成为那个时代里这类人物的代表，其中就包括子君式的女性和吕纬甫式的知识分子。

（一）子君式的"女性堂吉诃德"

"女性堂吉诃德"，是指在启蒙与被启蒙的人物关系中，作为被启蒙者经过男性启蒙者的"启蒙"而觉醒的女性。"女性一旦被唤醒，就决不回头。而女性以她特有的极端性与韧性，把她已经做出的选择坚持到底，她们才是真正的、彻底的堂吉诃德。"[①]这种现象在中国五四时期尤其明显。在当时中国的社会里，男性无疑更有条件去接触外界。因此，男女在恋爱中进行交流时，男性往往是启蒙者，女性则往往是被启蒙者。但在"启蒙"的行动发生之后，这种关系发生了变化。男性由于考虑得更多，对自己作为启蒙者时所持的理念发生了动摇，而女性还要继续往前走，甚至是更加坚定地往前走。其结果是女性在理念上将男性抛弃了，而男性在实际生活中将女性抛弃了。这时，悲剧也就发生了。

《伤逝》的悲剧结局正是可以在这个意义上得到解读，而子君无疑是鲁迅笔下的"女性堂吉诃德"。在20世纪20年代，男性给女性带来的启蒙是将她们引向对于"自由""平等"的追求，因此涓生和子君常在一起读雪莱、读泰戈尔。而到了30年代，男性给女性带来的启蒙是将她们引向对"抗战"的积极投入，这也就有了罗烽笔下莫云与韩尔谟的悲剧。

莫云和韩尔谟之间之所以能够产生爱情，是因为莫云欣赏韩尔谟身上勇于抗争的气概。当韩尔谟外出征战时，莫云将韩尔谟给她的信和诗全部收集起来，一遍又一遍地阅读。从某种意义来说，莫云"温习"信的过程也是"受启蒙""受教育"的过程，韩尔谟"我将走进坟墓，愿你骑白马而飞来"的诗句对于莫云有着极强的感召力。正是在这种感召与陶冶中，莫云的抗战理念日渐增强，以至于后来完全固化，并走向极端。她回应父亲的劝解时直率地说："就是遭到凶险，我也不痛惜，战死在沙场上的只是一个韩尔谟吗？爸爸，女儿的自私

---

① 钱理群. 我的精神自传［M］. 北京：生活·读书·新知三联书店，2016：132。

心，早就让敌人的残暴消灭了。"①这回答是如此坚定，以至于当她听说韩尔谟产生放弃抗战的消极念头时，拒绝与他结婚，可见莫云真正爱的并不是韩尔谟本人，而是一种理念，所以当她发现韩尔谟相对于自己理想的样子发生变化时，并没有类似丁玲笔下的莎菲那种灵与肉的冲突，而是以"严冷的颜色""逼视""近于咆哮"的态度予之回应。当这种态度发展到极端后，即使是她的亲人也无法阻止她：当父亲因她拒绝结婚而犹豫时，她甚至"强硬地质问父亲"，后来又突然不辞而别，以致父亲开枪自杀。读到这里，就不能将莫云的行为程式化地理解为所谓的大义灭亲，或是为了抗战而抛弃一切顾虑。莫云的极端行为实际上体现出作者在抗战的时代背景下对于当时女性未来走向的观照与思考，女性是否也要像男性那样为了那个时代的主流的"宏大概念"而近乎无情地牺牲自己，她们在被自己的启蒙者抛弃和放逐后又会有怎样的出路？因为20世纪20年代和30年代的"女性堂吉诃德"本质上是当时女性的符号化和概念化的体现，她们已无所谓爱情，所以一切女性的自然人性都掩盖在她们执着的理念之下。正是在这个意义上，罗烽的这种女性书写带有特定时代体现的人道主义。

（二）魏连殳式自我辩驳的知识分子

鲁迅本人是一个有着怀疑精神的知识分子，因此他在演讲时总是强调自己并非当时进步青年的人生导师，认为自己尚且不知道正确的道路，更不能为别人指路。鲁迅笔下的知识分子形象群体正是鲁迅以亲身经历和感受塑造出来的。在鲁迅笔下有三类知识分子：一类是像《祝福》中做过监生的鲁四老爷这样的封建旧知识分子。还有一类是孔乙己和陈士成这类科举制度下的牺牲品。然而，鲁迅刻画得最为深入的是第三类——新文化运动后的知识分子，他们是接受新思想的进步青年，却在面对现实社会时显得十分无力。

---

① 罗烽. 罗烽集［M］. 哈尔滨：黑龙江大学出版社，2011：232。

这类知识分子的思想往往是处于矛盾状态中的，是不断地自我辩驳的。如《伤逝》中的涓生、《孤独者》中的魏连殳，以及《在酒楼上》中的吕纬甫，他们都是在社会与人生的矛盾中辗转的知识分子。正是在自我辩驳的意义上，这类知识分子是鲁迅式的知识分子。

前文提到，罗烽继承了鲁迅对时代"共名"追问的精神。这种追问使得罗烽有着鲁迅所谓的"真的知识阶级"的精神。因为鲁迅曾在名为"关于知识阶级"的演讲中提出真的知识阶级"对于社会永不会满意的"，因此他们"所感到的永远是痛苦"①。真的知识阶级的怀疑不但指向社会，更指向自身，这也就成了自我辩驳的知识分子。

在中篇小说《归来》中，作者塑造了黎典这样一位在战争年代偷着离家出走，去参加抗日义勇军的知识分子。他为了能够通过日军的检查关卡，特意将双手磨得十分粗糙，可见他抗日的决心是多么坚定。后来，他终于在解释了一次偶然的误会之后加入了义勇军。然而，在队伍中有过一些经历之后，特别是他感受到了个人的生命似乎比牺牲的"光荣"更有价值和意义的时候，他就对之前自己的理念产生了怀疑。黎典的思考"不是年轻的，不是幼稚的，不是无成见的"。文中的这段描写充分表现了黎典当时的精神状态：

> 黎典呆立在一块岩石上，用这惋惜的目光，送着那零落的碎末一直卷跌到前面的小洞里。而后，他颓然地坐下了，两只手垂在两腿之间，用指甲搔在岩壁，发出吱喳的声音。他那飘忽的心情，被吱喳的音调搅得更烦恼起来，可是他的指甲更用力一些向岩壁上抓搔着。②

这段描写是黎典矛盾心理的外化，表现了当时的知识分子面对革

---

① 鲁迅. 鲁迅全集（第7卷）[M]. 北京：人民文学出版社，2005：118。
② 罗烽. 罗烽集 [M]. 哈尔滨：黑龙江大学出版社，2011：216。

命战争与人道主义之间发生冲突的恐惧心理。当时的知识分子看到了革命能够推动社会进步，也看到了只有抗战才能拯救中华民族，但他们同时感受到了革命和战争毁灭性的恐怖，因此他们对民族的前途和自己应该充当的角色产生了怀疑，也就有了不断自我辩驳的思想精神状态。

三、鲁迅小说艺术手法方面对罗烽的影响

鲁迅作为一位伟大的文学家，其小说思想的深刻与其艺术手法的高超密不可分。鲁迅在新文学初步发展阶段就尝试用不同于一般现实主义或浪漫主义的手法进行创作。其代表作《狂人日记》就以日记体展开全文，并以文言的小序和白话的正文形成鲜明的反讽艺术效果；《阿Q正传》有着"流浪汉小说"的特点，围绕阿Q的经历插入情节；《孔乙己》中小伙计的叙述视角选择又显得独具匠心。

罗烽在艺术手法方面对于鲁迅的继承主要表现在一些非现实主义手法和杂文式语言上，这些艺术特色使其小说并非简单地平铺直叙，而是表现出高超的艺术特色。

（一）"陌生化"的非现实主义手法

鲁迅的创作态度无疑是"直面人生"的，但他的小说中有许多非现实主义手法。如小说集《呐喊》中的《白光》，以意识流手法写封建举人陈士成落榜后的心理活动过程；《故事新编》中的小说以戏仿的写法解构中国的神话传说和故事。这都使得鲁迅的创作不但在当时有着现实针对性，而且也成为文学史上"创造新形式的先锋"，以至"一篇有一篇的新形式"。

罗烽的小说也有许多非现实主义的书写，这些都有着"陌生化"的表现效果。如通过对特定景物的描写来表现人物的特殊心理。在小说《归来》中，作者将俄式教堂比喻为女性的乳峰：

在月色朦胧中，都市的房顶密结、交错隆起的部位，白洁而柔腻得宛如袒露着的处女的乳峰。零星，散漫的白云块，仿佛寻花问柳的名士，飘洒地游荡着，有时渐渐低沉下去，好似伸出手来，向处女的乳峰玩赏似的摸弄一下，于是她的脸上突然浮出羞怯红晕，一直到那只手按在别的乳峰上时，红晕才从她脸上脱褪了。①

这段描写在文中看似没有意义，甚至让读者有些费解。其实，这段"陌生化"的描写可以理解为主人公黎典潜意识的隐喻流露。在加入义勇军的道路上，他想到了情人白苹，并对周围景物产生了幻想。然而，这种"温柔"的幻想很快被下一段中的"奸死而后抛弃在荒野上的女尸"所替代，这种场景的突然切换使得黎典在战栗中认清了现实。

（二）杂文式的哲理语言

鲁迅之所以被认为是中国现代文学史上最伟大的文学家，不仅是因为他创作了三十多篇中短篇小说，其后期的杂文创作更以"匕首"和"投枪"与那个黑暗的年代斗争。而且，鲁迅的小说中也有许多杂文式的哲理语言，如"世界上本没有路，走的人多了，也便成了路""人首先要活着，爱才有所附丽""凡事须得研究，才会明白"。这些哲理性语言都体现出鲁迅的确有着思想家的深刻。

罗烽相比于东北作家群的其他作家，更多地表现出对当时社会的思考，他的小说不同于萧红等女性作家的个人化写作姿态，而是往往缘事而发，揭出社会的病苦。因此他的小说有着更多的议论成分，人物的内心活动和作家的所思所感常常交错出现在文章中。

在短篇小说《左医生之死》中，有很多充满哲理的语言。如文章的开头写道：

---

① 罗烽. 罗烽集［M］. 哈尔滨：黑龙江大学出版社，2011：190。

医虽多是挂着"济世活人"的招牌，然而医生却多是看清社会变化和忽视大众利益的人物。这是因为只要地球存在，人类总不会灭绝的，有活人在，一个医生就不会因饥寒交迫而死。那么，靠治人而活自己的医生，仅仅懂得这一简单的"人生哲学"便足够了，便可以安然生存，假使他不，他，这一位医生，必然是个顶愚蠢的东西！①

这段话十分深刻地揭示出了当时资本主义社会的矛盾。当时医生的那种"靠治人而活自己"的"人生哲学"与恩格斯揭示的推动人类社会进步的动力是"恶"而并非"善"有着相同的见解。

在短篇小说《狱》中，作者在下面这段话中寄予了对于生死和希望的思考：

虽然，生着极痛苦的病，而且，更有的刑期已经签到明天的生死簿上，你让他自动地死在这里，他是绝不愿意的。他要忍着灵与肉的痛苦，期待着生之毁灭。

人，都是这样贪生的。

人，有希望……

但，让"希望"走进思路，就是个傻子了！②

这段话包含了小说中在监狱中的人物对生和死的看法，以及对生死与希望的关系的思考。正是这些哲理性的语言，使得罗烽小说中的人物成了一个个有思想的鲜活的个体，同时使得小说充满张力。

由以上论述可见，罗烽对于鲁迅有着精神上的继承，并在人物形象塑造和写作手法等方面深受鲁迅小说影响。其中，对于"共名"的

---

① 罗烽. 罗烽集 [M]. 哈尔滨：黑龙江大学出版社，2011：85。
② 罗烽. 罗烽集 [M]. 哈尔滨：黑龙江大学出版社，2011：12。

追问、知识分子的忏悔意识和自我辩驳的知识分子形象，继承了作为一名鲁迅式的知识分子的独立性、批判性和战斗性。

因此，罗烽在文学史上也就有了在继承鲁迅的创作脉络上的双重定位。从鲁迅影响的角度看，罗烽有着对于鲁迅创作谱系的继承与延伸。这种延伸就在于其写作的战时特质。

罗烽短篇小说创作研究

　　历史的沉淀不会掩埋那动荡的年代，无数中国人在反帝反封建的浪潮中奋起斗争。罗烽作为东北作家群中的重要作家之一，他的创作无一不凸显民族危难时期知识分子的进取抗争。他的创作具有深厚的爱国主义情感与革命现实主义精神，同时也贯彻了五四时期新文学传统，真正的"为人生"，揭露日寇残忍的暴行，揭示百姓的困苦与反抗。罗烽为我们真实地再现在东北这片土地上中华儿女在直面侵略与蹂躏时体现的坚毅品质。罗烽正是通过笔下文学扬优秀之国民性，揭帝国主义之罪恶，唤人民精神之觉醒。

　　本文将对罗烽创作的短篇小说进行主题、人物、艺术特色等方面的探索和浅析。

一、多元主题

（一）反抗

　　如果说情节是小说的躯体，那么主题就是小说的精魂。罗烽短篇小说的主题是多元化的。他并没有把文学单纯地当作政治的传声筒，而是在书写中蕴含民族主义的精魂。作为一个作家，更是一个以笔做枪的战士，罗烽的短篇小说中大多包含着反抗的主题。如在短篇小说《狱》中刻画的源源不断的反满抗日的义勇军战士。越狱失败，意味着生命结束。但这些义勇军战士不甘与窃贼一样苟活于牢狱之中，等待列巴、素波"恩惠"，而是为了自由、为了革命理想而前仆后继反抗着，在中秋节这一天走向生命的终结。佳节该有的喜悦气氛，该有的列巴、素波的盼望，却与苍凉悲壮的赴死联系在一起。作为苟活的、旁观的"我"以及与我一样在狱中"为了活着而活着"的人，不可谓不被触动，因而在送别义勇军战士赴死时唱起送葬歌，小说的结局也暗示着，只要中国人在，反抗的燎原之火就永不熄灭。小说中没有一句激愤的"打倒帝国主义"口号，但小说中贯穿着民族反抗的精神，真正让人们看到当世之人以家国存亡为个人之使命，促进了人们的精神觉醒。而小说《第七个坑》与《狱》虽然都是以反抗为主题，但作者写作的角度不同。《第七个坑》详细描写了百姓在日本侵略者的压迫下由顺从到反抗的详细过程。皮鞋匠耿大由于饥饿来投奔他的舅舅，无奈遇到日本侵略者在道路中阻拦命令其挖坑。皮鞋匠耿大由挖坑保命到麻木地埋人，直到日本侵略者残暴地杀死幼儿，杀死自己的舅舅，再到明白自己也要到坑里去死时，他终于觉悟了：日本侵略者是残暴的禽兽，在他们眼中中国人的性命如草芥蝼蚁。于是耿大举起铁锹杀死了日本军官，挖出了舅舅，但是一切都晚了，舅舅已经丧命。在日本侵略者血洗后的小城里到处都是人肉的盛宴，这样的杀戮无处不在。罗烽不仅向世人揭露了日本侵略者的暴戾恣睢，也暗示着世人，只有思维的觉醒和行为的反抗才能拯救自己。在《旗手》这篇小说中罗烽则为人们塑造了一个反抗的榜样。战旗不倒，人心不散。全突击队的灵魂——周长江，为了战争的胜利，在战场上冲锋陷阵，挥舞战旗，呐喊助威，凝聚了大家的力量，奋勇杀敌，最终牺牲了自己的生命，用鲜血染红了战旗。《出差》反映了面对日本侵略者对中国劳动力的无限压榨，人民不再顺从，而是集体发声。这对当时处于沦陷区的人们具有鼓舞和启发作用。罗烽短篇小说中反抗敌人的主题比比皆是，在此就不一一赘述。但罗烽在这个动荡的战争年代所观照的不仅是对敌人的反抗，还有社会底层人民对生活和命运的反抗。《最后的一次试验》中，阿龙以及那些贫困饥饿的孩子只能靠捡垃圾维持一个家庭的生活，阿龙没有对这种生来贫瘠的命运屈从，他一次次伸张正义，虽然这个时代让伸张正义的人没有回报，他一次次尝试让自己富裕起来，希望能给母亲吃好吃的食物，希望能为垃圾站的孩子开辟生活的道路，而不只限于生存。然而命运却一次次给他以痛击，最后他失去了生命，但他的冒险家精神，他对生活对悲苦的命运的反抗，呼吁人们振作起来。罗烽的作品中细致刻画了普通人的悲惨遭遇，但这些生活在城市夹缝中的人从未放弃过生的希望。

（二）悲剧意蕴

罗烽的作品观照了许多普通人的悲惨遭遇，包括孩子、女性等当时的弱势群体。刚刚提到的冒险家阿龙就是有着悲惨命运的普通人。他每天的吃食都是垃圾中的变质食物；帮助警察抓贼毫无奖励反被打伤；梦想着用所有的积蓄买彩票发大财，却发现这只是运气的游戏；最后希望被车撞伤获得赔偿，却不仅没有赔偿而且由于无钱抢救失去了性命。像阿龙这样的孩子迷失在大城市灯红酒绿的幻想中，不偷不抢，一次次冒险试验，却还是没有出路。"太阳没感觉地兜着圈子，而阿龙的天真却做了这圈子的俘虏了。"这些寄托着祖国未来希望的孩子，在生活中看不到一点希望的光明。罗烽通过这篇小说展现了都市的繁荣下掩藏着丑恶的影子，无形的物欲压迫着所有人。在《呼兰河边》中日本放哨兵仅仅因为想吃牛肉而将放牛的孩子说成探子，杀牛烹肉，草菅人命，将孩子扔在乱葬岗，任野兽取食。人民在敌人面前与牲畜无别，惨遭厄运，这足以激起中国人民起来反抗。在国家战争中，女人虽然一直是弱势群体，但她们有的冲上战场与男人并肩战斗，有的在努力宣传进步思想，也有的在家中盼着夫君早日归来。然而当日本侵略者的铁蹄利刃践踏村落时，烧杀抢掠无恶不作，女人成了他们玩乐奸淫的工具。《荒村》就是以女性的悲剧为题材创作的。作者以"我"的视角向世人展现了在经过日本侵略者入侵后"没有女人"的村落，只有一个女人幸免于死亡的灾难，但其精神已经崩溃，为了守住贞洁，不再惨遭凌辱，她每天在井下生活，刻刻胆战心惊。

"鬼不能奸污我！我上天去了……"①女性的被辱悲剧和刚烈性格在她的身上体现得淋漓尽致。最后在日本侵略者的轰炸下荒村变成了荒冢，这个被人称为人妖的井下女人未能幸免于难，但这何尝不是一种解脱！女性的遭辱悲剧令人阵痛，更有日本侵略者以职位之便奸污妇女，以其丈夫违纪为由，将其掳走关牢，成为玩乐的工具。《口供》中并未直接描写女性悲剧受辱的过程之凄惨，而是写天上的星星哭泣的姿态，象征着女性在战争中的无奈与悲哀。只有让人们认识到日寇的残暴，认识到人民的痛苦，认识到时代的悲哀，才能唤醒抗争的激情。罗烽用笔将战争的血肉淋漓展现给麻木的世人。

1. 牺牲

抗战非一日能成，十四年抗战，千千万万的战士、作家、进步青年铮铮铁骨，前仆后继。国人因同胞之生死而奋勇周旋，因国之危亡而凝聚一心，这种崇高的气节不是仅展现在前线，而是展现在每一个中国人身上。《三百零七个和一个》中白发人送黑发人，在战乱中只剩孙儿一人相依为命，然而孙儿被日军掳走，日本侵略者企图将中国未来的"希望"送往日本秘密训练，而后送回中国成为制"夷"武器。老人本想接孙儿回家，可没想到孙儿被外界事物所吸引，执意去日本。于是老人将鸡蛋糕掰成两半，放入砒霜，一份自己吃，一份给了孙子四广。这种悲怆的自绝令人肃然起敬。虽然文章的语言与情节有公式化嫌疑，但这种牺牲小我成全大我的革命情感着实体现了中国人的高尚气节。《娄德嘉兄弟》将集体利益放在第一位，娄德嘉为了保护救国救民的游击队，不顾亲人的反对，将被抓去给日寇带路的哥哥击毙，在这一刻他忘记了窑洞中的母亲，忘记了自己的侄女，忘记了大道伦常，这一刻祖国是他的母亲！《一条军裤》中傻子杨癫脚为了掩护抗日战士马彦德，而承认军裤是他的，最终献出了生命。国家危难之际，牺牲壮举比比皆是，正是这些痛苦的挣扎，正是这样悲壮

---

① 罗烽. 罗烽集［M］. 哈尔滨：黑龙江大学出版社，2011：98。

的牺牲，正是这些在抉择中以大局为重的高尚情操，团结了面对战争的人民群众，使革命获得绵绵不绝的根本力量。罗烽著写充满死亡与毁灭的故事，召唤群众"从死者的坟头与染透了黄沙的碧血，生长出更强大更英勇的行列"[1]。

2. 批判

在动荡松散的战争年代，政治经济都不平稳，更容易滋生有害的"生物"。有些失去民族气节、将尊严抛在脑后的中国人企图与日寇谋生路，希望与日本侵略者分一杯羹。比较有代表性的《生意最好的时候》，沈万青给日伪统治下的警厅做囚禁爱国志士的手铐，为了使利益最大化，不惜压榨劳苦人民二十四小时做工，不顾同胞的性命安危，最后因为手铐质量不好炸了狱，被抓去戴上自己做的手铐，自食恶果。作者运用了夸张、讽刺的手法，将一个自私自利、剥削压榨的小资本家的尖酸嘴脸刻画得活灵活现，批判了当时无限压榨劳动同胞，而做日本侵略者的走狗的宵小之徒，也对在社会底层苦苦挣扎的劳动人民表示深刻的同情。罗烽的短篇小说中还蕴含着对日寇的批判。《旗手》中有："嘲笑那些被他惊扰了的鸟们，它有许多弱点像敌人，譬如最明显的就是当没有大的声浪打击它们时，它们就像皇上一样随便在桦林里飞呀、唱啊、拉粪哪……可是一有动静，可就仓皇不知所措了：飞东飞西，失声地噪叫一阵，然后藏到安全的树林里去。"[2]罗烽揭露了日军在战争中仓皇逃跑、遇难退缩、只求保命的精神沦丧和道德沦丧。《空军陆战队》中有："由于胆怯加深，把头部的伤口，刺激得恶痛起来，他那样过分地号叫着，竟忘却了日本帝国军人的身份。"[3]可见危难之中，日本侵略者引以为傲的武士道精神已经不复存在。"凭着他的玄想，雕塑出一副残忍的面容——这副面容就

---

① 高兰. 高兰朗诵诗选［M］. 济南：山东文艺出版社，1987：70。

② 罗烽. 罗烽集［M］. 哈尔滨：黑龙江大学出版社，2011：60。

③ 罗烽. 罗烽集［M］. 哈尔滨：黑龙江大学出版社，2011：107。

代表了中国的社会，政治，思想以及其他的一切。"①这体现了日寇不过是在日本帝国主义统治下被压迫的蒙蔽了双眼的蝼蚁，也体现了日本帝国主义推崇日本社会主义者山川均氏、左翼文学家林房雄氏塑造的虚伪的中国形象，用来统治日本人民的政治、思想、文化。《口供》中有对无耻绑架妇女、只顾奸淫享乐的日寇的批判；《呼兰河边》中有对日寇残暴冷血、丧失人性的批判；《左医生之死》中有对自私自利、不以国家大事为重的批判；等等。

3. 宽容

日本侵略者称中国人为"支那人"，对于中国战俘，要么残忍杀害，要么建立集中营强迫他们劳动或者用其做人体实验。不同于日本对于战俘的残酷，中国人对待日本战俘和善而友好，也正是因为这样，战场上投降的日本人越来越多，因为他们知道在中国投降不仅受到优待，还无性命之忧。中国人的善良，换来了日本侵略者的疯狂，中国战俘的生命在他们看来可以随意践踏折磨。然而中国以其广大的胸襟以德报怨，其中孰高孰低，显而易见。罗烽在他的作品中展现中国对待战俘的包容与感化，体现出作者对于战争的深刻认识，也同样赞美了生活在有五千年文化的土地上的儿女的善良与胸襟。《空军陆战队》中有："待之以上宾之礼，每位赠木屐一双。"②医生有亲切的面孔和声音为战俘医治，日本轰炸机来临时，让所有战俘到地下室躲避袭击。中国供给他们消遣的书籍或围棋子。中国空军高级军官用亲切的态度与战俘谈话……这些无一不体现着中国人的宽容善良和中国的大国风范。《横渡》中的二等兵田青茂厌恶日本俘虏，并不想给予其优待，但政治员希望能感化日本战俘，改变他们对中国人的错误认识。"我们要知道这些俘虏来的日本兵实质上并不是我们的直接敌人，他们不过是日本军阀手下有生命的武器罢了。因此我们应该同情他们，教育他们；让他们了解真正杀害日本人的不是中国人，而正是

---

① 罗烽. 罗烽集 [M]. 哈尔滨：黑龙江大学出版社，2011：106。
② 罗烽. 罗烽集 [M]. 哈尔滨：黑龙江大学出版社，2011：106。

他们的自家人——残酷无比的日本帝国主义者。"①作者在这两篇小说中都表达了这样的主题——宽容和感化。希望能让所有人明白战争的根源不在于这些苦难的人民,只有团结起来向帝国主义反抗才能真正得救。

二、多样化的人物类型

短篇小说相对于长篇小说而言,由于篇幅较短,结构框架更容易把握,因而不免有格式化和公式化的嫌疑,但罗烽在短篇小说中成功塑造了多种多样、有血有肉的人物,这些人物共性与个性并存,具有一定的社会代表性。总的来说包括战斗者、侵略者、卖国者三个人物类型。"扑灭丑恶的东西如果没有完善的东西来替代,终是没有结果的,这样的扑灭是徒劳无功的。"因而在批判侵略者与卖国者的同时,作者为中华儿女塑造了可歌可颂的英勇战斗者,试图激励人民迸发革命的力量。《旗手》中倔强的护旗手周长江就是出色的战斗者,他挥舞战旗,在队伍的前面高喊杀敌的口号,最后壮烈牺牲以血染旗。《狱》中不苟活于伪政权的监狱之中,坚决反抗的反满抗日义勇军;《特别勋章》中的郭念华带领第二连全体哗变,反抗日伪政权的统治,他们都具有强烈的使命感,是敢于反抗、具有崇高民族气节的战斗者。然而战斗者并不只包含战士,人民群众是革命的基础,只有联系群众才能保证革命的胜利,能调动起人民群众的战斗热情才是第一要义。这些普通的人民,他们不会开枪,不会打仗,有的甚至不识字,但他们心中的信念永远向着自己的祖国,他们呐喊着,搏斗着,甚至为祖国而牺牲。《一条军裤》中的傻子杨癫脚,为抗日战士马彦德雕刻石碑来歌颂他的功绩,并在日军搜查时认领军裤,为掩护抗日英雄而牺牲了自己。罗烽塑造的人物具有转变的功能,他观照到人在

---

① 罗烽. 罗烽集 [M]. 哈尔滨:黑龙江大学出版社,2011:137。

生活中不是一成不变的，在苦难中挣扎的人们经历了希望的破灭，才能积蓄起反抗的力量。《第七个坑》中的皮鞋匠耿大由懦弱变为刚强，由顺从变为反抗，"说到底成长是需要机遇的，成长的进度只靠光阴有时候反而难以弥补"①。日寇的残暴杀戮，幼儿、亲人的死亡，让耿大明白：只有思维得救，行为反抗，才能保住性命，一味顺从，最终也逃不过敌人的魔爪。《三百零七个与一个》中爷爷明白了日本侵略者以华制华的诡计，既不想孙子变成残害同胞的日用武器，也不想让祖国遭遇危难，于是在鸡蛋糕中下了砒霜，和孙子一人一半，这种大义灭亲的悲伤中充满力量，那是不忍看到寄托了中国未来的孩子们在日本被奴化，不忍看到同胞互相残杀，不忍陷祖国于分崩离析的大义。以民族大义为先的中国人，在黑暗中沉浮，在危亡中斗争。在生灵涂炭的东北沦陷区，我们在无限哀痛自己同胞厄运的同时，在这民族危亡关头，我们要痛定思痛，燃起反抗的烈火，激起昂扬的斗志。罗烽旨在用这些人物树立群众榜样，引起自觉的反抗。

"粮食出荷""鸦片纳入""物资统治""烧杀抢掠"是侵略者对苦难的中国人民的加害，南京大屠杀、马路大实验、细菌实验、旅顺大屠杀……失去了土地的中国人遭到非人的对待，施暴者将中国人当作射击的人肉活靶，将屠杀视作游戏，"杀光、烧光、抢光"所作所为令人发指。千万的中国百姓流离失所家破人亡。罗烽在塑造侵略者形象时，并不仅从表层的外貌形态角度入手，而是从日本侵略者的内在心灵入手，剖析日本侵略者的所作所为、所思所想，深刻地向人们揭示他们丑陋污浊淫秽龌龊的内心。"这时候瞭望台上的守望兵，盖沟外的夜哨兵就全绷紧了面皮，窥探那无影的轰动，从他们贼眉鼠眼的态度上很可以证明他们英勇的武士道的灵魂，已经被炮声所征服了。"②对日本士兵神态的描写映射出他们对于战争和死亡的恐惧，时

---

① 毕飞宇. 玉米 [M]. 北京：人民文学出版社，2015.

② 罗烽. 罗烽集 [M]. 哈尔滨：黑龙江大学出版社，2011：3.

刻做好"抱头鼠窜"的准备，表现了日寇贪生怕死，欺软怕硬的形象。《空军陆战队》中的空军少佐栗原卯之助讽刺为他医治的中国医生，却在疼痛难忍和炸弹轰炸时暴露了懦怯的本质。"空军少佐栗原卯之助依然不动声色地躺在地板上，原来他已经被不断地狂炸吓得魂飞胆散了。"①但并不是所有的侵略者都是不明是非残酷的刽子手。在南京的日本空军俘虏看守所中有两个日本人看透了战争发生的实质。帝国主义的侵略扩张破坏了世界和平，残害中国人的是自私贪婪的帝国主义者，将日本人推向战场的也是意图满足自己欲望的帝国主义者。西牧贡不与其他日本侵略者同流合污，他期待的是世界和平。长尾重雄也同样反对法西斯的野蛮掠夺。他们看清了帝国主义的真面目，毫不妥协，西牧贡被愚蠢的侵略者们折断了右手，长尾重雄腰部受伤，但他们依旧高喊："中日被压迫民族紧紧握起手来！"②由此可见，罗烽并没有一味地否定日本人的智慧和勇敢，全面地考虑到侵略者的主动性和被动性，日本平民与中国平民一样都是战争的受害者。

卖国贼，顾名思义是指出卖祖国和人民利益的叛徒。日本侵略者为了永久侵略、统治中国人民，建立了汪伪政府、伪满洲国，在其统治下实行奴化教育，只教日语，进步学生成立读书会等积极组织传播先进思想与爱国情怀，却惨遭镇压杀害。《狱》中监狱被伪警局所控制，进步分子遭到杀害，典狱长的亲侄子是进步学生也没有幸免于难，可见走狗们不顾亲情，为了利益出卖国家和人民。《生意最好的时候》中沈万青与伪政府合作，赶制手铐，露出了小资本家自私自利剥削人民的可恶嘴脸，不顾工人生命安危，一味压迫。为了吃饭，为了养活家庭，工人只能被迫承受，沈万青不顾同胞的苦难与死活，最终也咎由自取，受到惩罚。

---

① 罗烽. 罗烽集 [M]. 哈尔滨：黑龙江大学出版社，2011：110。
② 罗烽. 罗烽集 [M]. 哈尔滨：黑龙江大学出版社，2011：114。

三、艺术特色

（一）善用富有哲理的语言

罗烽的短篇小说结构紧凑、情节集中、冲突尖锐，篇幅虽短但短小精悍，在小说中作者善用哲理的语言展现人生思考，将情节推向高潮。比如《狱》中说："一个人要是：'为活着而活着。'不用说，监狱变成了一座最合理的，最佳妙的，寄托人生的场所。""魔兽到处贪婪地伸张着，攫取来全是一些蓬勃的花草；但当他再松开手时，那蓬勃的就必然枯萎了！从萌生中毁碎了的生机，果实或种子从哪里再来呢？失去土地的人民哪！"①罗烽将自己哲学性的感悟蕴含在小说当中，同时也表达了自己的情感。魔兽隐喻帝国主义者和他们的走狗，而那些蓬勃的花草则是思想进步、敢于反抗的青年学生。罗烽通过哲理的隐喻生动地反映了伪政权对进步学生的加害，也通过文中的"我"表达对进步人士的同情和尊敬。罗烽在这篇作品中并没有刻意描写进步学生越狱的激烈过程，而是通过犯人之间的对话，犯人与狱卒的对话展现人"思想的越狱"。《左医生之死》是罗烽短篇小说中比较特别的一篇，由于罗烽既是作家也是战士，因而他的作品大多关照战时的人、事、物，多宏大叙事，而《左医生之死》侧重描写一个只关注自我安危，不管国家如何的自私自利的小医生，来批判"医生不医心，治标不治本"的社会现象。"医虽多是挂着'济世活人'的招牌，然而医生却多是看清社会变化和忽视大众利益的人物。这是因为只要地球存在，人类总不会灭绝的，有活人在，一个医生就不会因饥寒交迫而死。那么，靠治人而活自己的医生，仅仅懂得这一简单的'人生哲学'便足够了，便可以安然生存。"②《出差》中压榨铁路工人的事务段长，发出人生感叹："人生不过是一座广大的滑稽舞台罢

---

① 罗烽. 罗烽集 [M]. 哈尔滨：黑龙江大学出版社，2011：11。
② 罗烽. 罗烽集 [M]. 哈尔滨：黑龙江大学出版社，2011：85。

了，谁不是喜剧中的一个丑角呢?""不惜牺牲他人，不惜牺牲自己。人是动物中的唯一的利己主义者。"①这体现了作者对自私自利的鄙薄小人的批判。《最后的一次试验》中不断进行"试验"的孩子阿龙，作者这样评价他:"他那个进取的精神，并不因屡次失败而心灰意馁。这孩子可以说是一个知情达理的创业家，不，冒险家，他不怎样怕失败，他怕的却是失败以后想不出新的计划。"②这是阿龙一生的写照，即使最后因为冒险失去了生命，阿龙也从未后悔过。一个人如果连梦想都没有，连冒险的勇气都没有，那活着还不如死去。孩子尚且如此面对一次次失败燃起希望，那些处于失败境遇的人又有什么理由逃避?《空军陆战队》中描写了中国人对日本战俘的优待，然而空军少佐栗原卯之助不仅不接受医治，而且出言侮辱中国人为"支那人"。但实际上他是一个不折不扣的胆小鬼，表里不一，在日本轰炸机来临时，吓得躲在床下。"在中国首都的日本空军俘虏看守所里，流行着一个顶好听的绰号，可是，自从空军少佐栗原卯之助的头伤医好，从病房移解到看守所来以后，那绰号，便像遭到狂风的絮花，飞散得无影无踪了。像遭到狂风的絮花，但是它不会脱离开这个地球的，今天在此处不见，明年在彼处它将萌生出一棵小树来。"③绰号是指空军少佐栗原卯之助是"床上将军"，作者用充满哲理意味的语言揭示:虽然没有人再明说这绰号，但日本人的民族劣根性不会轻易改变，作者形象地暗喻了日本侵略者的懦弱愚昧，以及被帝国主义控制思想的可悲和愚蠢，这种品性并不只发生在这里，而是发生在每一个被帝国主义控制的人身上。

(二) 精巧的构思

罗烽的短篇小说具有结构紧凑、冲突尖锐的特点。篇幅中多有铺设，故事发生自然和谐，并不牵强附会。《狱》中作者的语言并不华

① 罗烽. 罗烽文集 [M]. 沈阳:春风文艺出版社，1982。

② 罗烽. 罗烽集 [M]. 哈尔滨:黑龙江大学出版社，2011:35。

③ 罗烽. 罗烽集 [M]. 哈尔滨:黑龙江大学出版社，2011:110。

丽，情节一步步展开，环环相扣，过程中冲突和主体并没集中在义勇军身上，而是集中在异国的旁观者"我"的身上。从侧面视角关注义勇军与伪当局。《第七个坑》则简单却又有富有逻辑构思地将情节展开。以直白的"九月十八日的后两天是九月二十日了"①开头，直接奠定了本文的感情基调，也为下文情节展开做了时间等背景的铺垫。结尾是开放式的，富有深意。"然而，他没有决定到什么地方去。黑暗，死寂，完全笼罩了这座古城。枪声，犬吠，逐渐加厚起来了。"②没有人知道耿大要去哪里，也没有地方能让他容身，九一八事变后的沈阳城，充满了鲜血、尸体，彰示着敌人的罪恶，昔日灿烂的沈阳城如今充满死亡的气息，何处可以容身？何处可以幸免于难？越来越密的枪声又在响起，人民的苦难还在继续。结尾的构思给小说以升华，在这纷乱的年代，觉醒反抗的人又该有怎样的出路？前途仍然一片迷茫。《一条军裤》的结尾更加发人深省，含蓄而深刻。"中午的强烈的阳光，从栉密的松针隙处，漏射到石像的头顶。树梢卷起松涛，富于弹力地左右摇曳着，雨线般的光芒，在石像的脸上闪耀着，闪耀着……石像仿佛在跳动起来。而它的创意者却静悄悄地躺在它的脚下。"③杨癫脚的死亡并没有发出悲歌，而是激起了"石像"——千千万万被群众保护着爱戴着的军人为同胞的牺牲复仇。中午强烈的阳光正是那带领人民反抗的抗日战士，他们不畏艰难，不放过任何一个"透过松针"的机会。《重逢》的结尾铿锵有力，由于弟弟被怀疑是日本人，人们纠结着救与不救，贻误了救治的最佳时期，冯伟玉亲眼看着弟弟死在自己的面前。战争带给人的苦痛巨大而难以承受，冯伟玉在哀痛中愤然起身发出"向这残暴的复仇！"④的呐喊，小说就此戛然而止，但这简单的一句话却在悲怆中给人力量。这句话体现了在战争

---

① 罗烽. 罗烽集［M］. 哈尔滨：黑龙江大学出版社，2011：39。

② 罗烽. 罗烽集［M］. 哈尔滨：黑龙江大学出版社，2011：46。

③ 罗烽. 罗烽集［M］. 哈尔滨：黑龙江大学出版社，2011：105。

④ 罗烽. 罗烽集［M］. 哈尔滨：黑龙江大学出版社，2011：128。

的迫害下中国人坚定的战斗信念。这句话是小说的结束，也是反抗的继续、复仇的开始。

（三）越轨的笔触

罗烽的短篇小说突破了一般战时小说片面展现抗日战争时期苦难与反抗的主题，多层面关照抗日战争。他书写的以敌伪内部矛盾为主题的小说，从更深层面挖掘战争发生的根本原因，注重真实地再现，具有越轨的特色。《空军陆战队》中在南京日本空军俘虏看守所里空军少佐栗原卯之助在日本帝国主义对中国的宣传"中国人惨无人道"的影响下，并不感谢中国医生的医治和中国人的优待，反而称中国人为"支那人"。而空军少尉西牧贡和少尉长尾重雄真正明白是日本帝国主义者引起频繁的战争，是他们的自私、欲望，压迫着日本平民的血肉，残害着中国人民。他们厌恶战争，渴望和平。因而观念不同的敌人内部产生了激烈冲突。栗原卯之助和其他被俘虏的空军联名迫使西牧贡向日本帝国悔过，不然就折断他与中国人友好握手的右手。西牧贡毫不妥协，即使折断右手也要"中日被压迫民族紧紧地握起手来"①！这体现了在中国的优待感化下，敌人内部开始出现矛盾，中国并不想和日本侵略者一样通过杀戮树立敌我关系，而是要通过感化将日本战俘变为中国的朋友，只有瓦解日本军人内部的团结，改变日本军人对中国的错误认识，对战争的错误认识，才有利于反帝胜利。《特别勋章》中充满讽刺与荒诞，总司令郭鹏里的儿子郭念华带领第二连全体哗变，反抗伪政权的统治，伪政权对同胞的无耻迫害使他们投向正义的义勇军。郭鹏里向伪满洲国皇帝汇报时谎报儿子伏诛并大呼中国万岁。伪满洲国皇帝康德为郭鹏里颁发大义灭亲特别勋章，并以歌舞军乐庆祝。罗烽的小说反映了敌伪关系的缝隙，敌伪合作并不牢固。郭鹏里的特别勋章充满讽刺，日本侵略者对中国人的统治终将被爱国志士的反抗瓦解。只盼望中国人不再做日本侵略者的走狗，团结同

---

① 罗烽. 罗烽集 [M]. 哈尔滨：黑龙江大学出版社，2011：114。

胞，摆脱被殖民的桎梏。

罗烽非常注重写作的真实性，语言朴实生动易于理解，在小说中多处加入了地域文化元素，便于人们阅读时联系当时的社会背景，有更真切的感受。《呼兰河边》中出现了很多日语口语"剥走狗"——日本侵略者对义勇军的污蔑称呼，"阿木奈"是"危险"的意思，"洋跳子"是绿林暗语，指日本兵。《狱》中充满了白俄叙事的影子。"沙巴卡"是俄语中"狗"的意思，"亚邦斯克"是俄语"日本人"的意思。此外"列巴，素波""斯巴达送葬曲"都体现了作者罗烽对抗日战争时期地域文化的了解和运用。

（四）一切景语皆情语

作者善于描写具有深刻含义的宏大景色，主人公的情感并不以人物描写直接抒发，而是从景色中含蓄地表达出来。此外作者还将自己的政治思想倾向隐藏在情节之中，虽然作者位置隐蔽，但其情感却在作品中通过对景物的观察描写表达得淋漓尽致。《狱》中的"我"是一个隐秘的旁观者，仿佛就是作者的化身，"我从这面比较宽大的窗子里。能够望着比较宽大的空际，而且在窗前伸出来一丛摇曳着的丁香树梢，它，告诉我，从这块土地上生长出来的东西，并没有死灭！虽然，那叶子已经半黄了"[①]。不管有怎样的摧残与禁锢，人人都向往着自由，土地上的人民即使经历了蹂躏残害，他们的精神却永不泯灭。《第七个坑》中说："秋空，暗淡的云片在飘，西北风像一匹骏马，带着它向东南驰去，它，不能在这可怕、悲惨的古城停留一刻了。它要逃避到祖国的怀抱里去。"[②]在九一八事变后的沈阳城，到处是鲜红的肃杀，作者将经历残害的人民比作风，去寻求祖国的怀抱，同情之中带有对丧失人性的日本侵略者血的批判。《旗手》中说："虽说是夏天，从夜里袭来的潮风，总是森凉的，它围绕着山岭回旋，好像冬季的海潮拍击着周长江的全身，然而他坚韧的皮肤，丝毫不为蹂

---

① 罗烽. 罗烽集［M］. 哈尔滨：黑龙江大学出版社，2011：16。

② 罗烽. 罗烽集［M］. 哈尔滨：黑龙江大学出版社，2011：39。

蹦，而他的四周竟像荡起温流，他出汗了哩。”[①]夜里袭来的潮风并不能侵袭中国人的热血反抗，战斗英雄具有“粉身碎骨浑不怕”的革命精神。周长江的爱国情怀与牺牲精神由此可见一斑。

罗烽的短篇小说创作呈现当时的知识分子对战时民族危亡的关注，从多个角度关照抗日战争时期的苦难人民、国家态势，体现了知识分子高度的家国意识，通过具有深度和广度的写作，带领中国人民走向正义的反抗，掌握自已的命运。小说具有时代的精神和艺术感染力，真实地反映了现实社会的种种。

① 罗烽．罗烽集［M］．哈尔滨：黑龙江大学出版社，2011：61。

东北作家群中的罗烽

　　1934年11月，《八月的乡村》出版，成为战争文学的典范，还有幸成为第一篇翻译成英文的当代中国小说，萧军一夜成名。自此之后，萧军笔耕不辍，在戏剧、诗歌、小说等领域均有涉猎。罗烽在20世纪30年代就已经是知名的作家与诗人了，原名傅乃琦，1935年进关后，始用"罗烽"这一笔名，是30年代北满革命文艺运动的组织者和开拓人之一，在文坛耕耘五十多年，其小说、诗歌、散文、论文、杂文都为中国现代文学的宝库增添了富有战斗精神的文学财富。时光荏苒，将近一个世纪的光阴已经被历史的长河裹挟而去，然而他们留给我们的文字就像灯塔，照亮那一段风云激荡的年代。

一、浪漫主义的致敬者

　　提到浪漫主义，不应该只是郁达夫、徐志摩，罗烽、萧军的创作也共同呈现了浪漫主义的风貌。当我们看罗烽的《归来》这篇中篇小说时，会被那种战争的残酷，革命青年内心的挣扎、矛盾、空虚所震惊，但当黎典准备离开家乡去参加革命时，小说写得多么浪漫。"他从篱笆上摘下一朵牵牛花苞，又摘下一片叶子装进衣袋里，于是他再也不回头了。"①这不禁让我们联想到茅盾的《子夜》中，吴荪甫的妻

---

　　① 罗烽. 罗烽文集 [M]. 沈阳：春风文艺出版社，1984：14。

子林佩瑶与年轻时的恋人雷参谋再次相遇时，雷参谋拿出当年情人送给他的《少年维特之烦恼》，书中夹着的一朵白花落在了地上。"我这终生唯一的亲爱的，就是这朵枯萎的白玫瑰和这本书！……我在成千上万的死人堆里爬过，几次性命的危险，我什么东西都丢弃了，只有这朵花，这本书，我没有离开过！"①捷克汉学家普实克也认为："这一段是引人注目的，它反映了欧洲浪漫主义的伟大作品是怎样在中国的革命青年中找到同类的精神和情调的。"②罗烽的诗歌创作更体现出他的这种浪漫主义精神，正如高擎洲《罗烽论》中提到的："他的诗歌具有革命英雄主义的性质，又热烈地歌颂了理想主义，这两个方面就是浪漫主义精神的表现。革命英雄主义的特质表现为在任何强大的敌人和艰难困苦面前英勇无畏，呼啸前进，它号召进击，歌颂壮烈的牺牲，具有鼓舞人心的巨大力量。与此同时，罗烽诗歌中的理想主义也是表现得非常明显的，诗人既直面现实，看到并且控诉了黑暗和丑恶，又高瞻远瞩，预示着未来的光明和胜利。"如《光明跃在东方》中：

> 我们向前，
> 永远向前啊，
> 中华的儿女们，
> 打碎侵略者的头颅，
> 让我们腐朽在战场……

　　诗人的满腔热血号召起了百姓的反抗激情，"光明跃在东方"又显示了作者对于光明未来的向往以及信心。至于萧军，无论从生活到创作，他都是一个不折不扣的浪漫主义的追随者，据张毓茂说，萧军

---

　　① 茅盾. 子夜 [M]. 北京：人民文学出版社，2000：79。
　　② [捷] 雅罗斯拉夫·普实克. 普实克中国现代文学论文集 [M]. 李燕乔等译，长沙：湖南文艺出版社，1987：5。

年轻时在吉林当骑兵，听人家说北山上埋着一个可怜的沦落风尘的少女，才十四岁就被非人的生活折磨死了。这引起他深沉的同情，常在月下到墓畔徘徊。有时携酒独酌，醉卧荒野。他还曾以极缠绵的感情写诗悼念这个素不相识的江南少女。还有他赠给萧红的那些情诗，如："浪抛红豆结相思，结得相思恨已迟。一样秋花经苦雨，朝来犹傍并头枝。""凉月西风默默天，寸心如雾复如烟。夜阑露点栏杆湿，亦是双双悄依肩。"他还有如此细腻的一面。①《八月的乡村》是萧军的成名作，鲁迅为之作的序中写到这样一句："作者的心血和失去的天空，土地，受难的人民，以至失去的茂草，高粱，蝈蝈，蚊子，搅成一团，鲜红地在读者眼前展开，显示着中国的一份和全部，现在和未来，死路与活路。"正是作者的全部心血都凝结在了这部作品中，作者的浪漫主义情怀也得到了淋漓尽致的展示。当唐老疙瘩为救李七嫂而死时，李七嫂"吻着这个已经快僵冷的尸身"②。当萧明与安娜的爱为革命形势所不容时，"萧明深深地埋起自己的脸，他竟跪倒在安娜的脚下。他像一个愚昧的基督徒跪在金色十字架的前面，祈求着谁的赦免"③。萧军在他的自传中也曾写过祖母为他讲的《薛家将》《杨家将》《呼家将》以及四叔父的鼓词，说唱秦琼、程咬金、罗成，还有五姑母的皮影戏等等，"这都也可算为后来使我走上了文学这条道路的启示、动力和艺术的渊源的话，我认为这就是最早的，最主要和最重要的启示，动力和艺术形式的学习渊源"④。这些人物全都是有着伟大的爱国主义情怀、奋勇杀敌的勇气以及反抗的精神，对于萧军的浪漫主义气质有着极大的塑造作用。

同样是描写战争中的爱情，罗烽作品像《莫云与韩尔谟少尉》中莫云是理智的，当知道未婚夫可能在战场上死去时，她说："就是遭

① 张毓茂. 我所知道的萧军先生 [J]. 新文学史料，1989（2）。

② 萧耘，王建中. 萧军全集（第1卷）[G]. 北京：华夏出版社，2008：92。

③ 萧耘，王建中. 萧军全集（第1卷）[G]. 北京：华夏出版社，2008：138。

④ 萧耘，王建中. 萧军全集（第1卷）[G]. 北京：华夏出版社，2008：13。

到凶险，我也不痛惜，战死在沙场上的只是一个韩尔谟吗？"当知道未婚夫从战场上逃离时，莫云就不再爱他了。而萧军的作品中如《八月的乡村》唐老疙瘩为救李七嫂，违抗命令，说"……连她一同枪毙……我是反革命了……同志们……对不起呀"，是为爱而献身的。安娜与萧明的恋爱被迫停止时，安娜甚至想要离开这个她追随多年的革命队伍，"为了我自己——我需要自由"。爱情与革命在文章中人物的不同选择里足以体现二人的浪漫主义的区别。罗烽是更理智的，而萧军是忘我的。萧军曾在《解放日报》上发表一篇《也叫随笔》，在这篇文章中，他说自己是一个新英雄主义者，并且还列举了一大堆他喜欢的人物及这些人一生中最重要的时刻：大乘佛教的"我不入地狱谁入地狱"的精神；率领以色列人离开埃及的摩西；被汉朝创建者打败的项羽；以及唐朝末年的黄巢等……虽然萧军崇拜他们的角度是略带偏见的，但是从这里我们可以看出萧军的个人偏好，都是敢于献身、同不平等的社会进行坚决反抗的叛逆者英雄形象。"那一天，他在陕北公学的操场上，和毛泽东与陈云、李富春等中共领导人一起会餐。在尘土飞扬的大风中，轮流共喝一个大碗里的酒，开怀畅饮，高谈阔论，放声大笑。那股'大风起兮云飞扬'的豪气回荡胸间令他终生难忘……"①这种狂放不羁、愤世嫉俗的性格，还有他那不拘小节、感情奔放的写作，都让我们有理由认为萧军的浪漫是豪迈的、粗犷的，而罗烽的是细腻的、诗意的。罗烽更善于让诗作为小说中表达主人公心理以及传递信息的工具，而萧军更乐于让民歌进入小说创作中，以此来引起百姓的奋斗激情。在对于意象的选择上，罗烽更倾向"浮云""西风""原野"等轻柔的物体。比如在《归来》中，"在月色朦胧中，都市的房顶密结、交错隆起的部位，白洁而柔腻得宛如袒露着的处女的乳峰"②，写得多么妩媚。在萧军的创作中，意象与语言的选择则更倾向于刚健粗犷的美。

---

① 张毓茂. 我所知道的萧军先生 [J]. 新文学史料，1989 (2)。

② 罗烽. 罗烽文集 [M]. 沈阳：春风文艺出版社，1984：13。

二、个人主义与悲观主义下的创作

与五四时期的自传体和主观主义潮流的主要内容——反抗旧道德和封建的人伦观念不同，罗烽、萧军创作中主观主义的意义主要在于揭示社会的黑暗不公、下层人民生活的艰辛。毫无疑问，二人的个人主义创作更多的是参与政治、反抗社会的武器。可以发现在二人的作品中，塑造了大量的社会下层有着不幸命运的劳动人民，通过将作品中的主人公的经历作为活动的背景，来勾勒描绘整个病态、黑暗社会的全貌。如罗烽的《归来》中，黎典对于革命的不坚定的态度，对于战争的恐惧与反思都是当时社会许多年轻人的缩影。萧军的《羊》中，通过主人公在监狱中的所见所闻，描写一个又一个年轻、有活力的人因着生活所迫进了监狱，在严刑拷打中离开人世，作品不是为了写"我"的历史，而是想要真实再现当时令人窒息的残酷社会。再如萧军的《疯人》与鲁迅先生的《狂人日记》有着异曲同工之妙，作者借"疯人"之口说出这个社会的不公，人民水深火热的生活，"我们的背臂，以及所有一生的血液……全是被科学家们所发明的齿轮，以及其他，铰断了，榨取干涸了……我们的骷髅，是铺平了一些××家们，到最高层去的大路"[1]……虽然萧军自己在他的传记中写道："我从事文学写作的动机和主要目的很简单，就是为了祖国的真正独立，民族彻底解放，人民确实翻身以至于能出现一个无人剥削人、无人压迫人的社会……除此外，我没有别的目的了。"[2]但是我们仍可以从萧军的创作中发现他的个人主义更倾向帮助他抒发心中的愤懑、悲痛，正如茅盾在文章中说的："新文学多写社会黑暗，用分析的方法来解决问题；诗中多抒个人情感，其效用使人读后，得社会的同情、安慰

---

① 萧耘，王建中. 萧军全集（第1卷）[G]. 北京：华夏出版社，2008：209。
② 萧耘，王建中. 萧军全集（第1卷）[G]. 北京：华夏出版社，2008：22。

与烦闷。"①如在《烛心》中，"我只是要俯向你的怀中去哭！哭！哭个尽够！畸娜！我怎么竟是那般怯懦；那般无来由；那般……想着哟！""你为什么要把这样清妙高贵—卑懦无能—诗人的美冠，残忍地加在我这庸凡的头上呢？"多处直抒胸臆的大段落文字，表达出作者的苦闷、对于人生的思考。罗烽的个人主义创作则多以抗日救亡题材居多，表达作者对于故土的留恋怀念，对于故乡的锦绣河山的热爱，对于居住在那里的朴实的百姓的同情，对于侵略者的痛恨。那些饱含作者悲愤情感的诗作，为我们真实地重现了那黑土地上的烧杀抢掠，如《这是民族灭亡的警钟第一声》：

> 我们的家乡，
>
> 流成血的河，
>
> 堆成尸的山；
>
> 我们的家乡，
>
> 有四百万和三千万！
>
> 我们记得，是谁喊着不抵抗，
>
> 我们记得，谁是抗战的英雄，
>
> 这一日突破历史的耻辱，
>
> 这一日有人突破历史的光荣！

慷慨激昂的情调，庄严肃穆的言辞，表达了对侵略者的切齿的仇恨，以及对不抵抗政策的愤怒。罗烽的诗歌创作中的个人主义体现出了一位诗人对于国家和人民拳拳的赤子之心，对理想的热烈追求，对旧时代黑暗统治的鞭挞。《旧时代赞礼》中诗人运用拟人的手法将旧时代比作淫妇，写了一首将旧时代埋葬的送葬曲。诗中写道：

---

① 郑振铎. 中国新文学大系·文学论争集［G］. 上海：上海文艺出版社，1981：13。

你将荒淫和无耻的故事留下，

这之间，划出一道自然的鸿沟；

你有自由？带着丑恶去吧，

从这地球上注销了你的家！

　　气势磅礴，言辞犀利，没有犹疑与矛盾，有的就是对光明未来的信心与豪情。

　　而且罗烽、萧军多是采用第一人称，或是以"他"为代表的第三人称写作，这也体现了他们作品中显著的主观主义的特点。作品通过"我"或者作者的代表"他"去叙述一件事情，以作者的个人经历为基础，抒发对这件事情的看法，展示作者思想情感的进程，萧军的《孤雏》就是一个最典型的例子，文中有"悲壮的，值得回忆的一点记忆"，这个记忆叙述了大喟在陪都军校反抗步兵队队长并受了禁闭和开除处分。读过萧军自传或者对萧军有一点了解的人都知道这段叙述有着极强的自传性色彩，萧军在1930年春季间，一次炮兵队和步兵队的同学由于误会发生口角，步兵队队长就不由分说辱骂炮兵队的同学，萧军就和他论理，步兵队队长竟动起手来企图打萧军，于是萧军抢起手中的铁锹打了过去，在朋友的拦阻下没有打到，结果受到了禁闭和开除的处分。这段经历作为文中的一个回忆出现，以及文中的所有事件，如寻找创作素材，为孤儿寡母筹集奶粉钱都是从主人公君琦的角度出发去记叙的，将具有复杂叙述性质的事件变成了一个有机的整体。罗烽作品如《呼兰河边》写的是"我"目睹了一位放牛的小孩被日军当作间谍杀死，甚至是小孩放的牛也没能幸免，而后"我"领放牛小孩的母亲去找小孩和牛的尸体的故事。虽然这篇小说篇幅很短，却为我们真实地记叙了日军铁蹄践踏下的中国土地上的百姓如草芥的生命。而且在这篇小说中，作者已经触及百姓的麻木与残忍，没有人敢为这个小男孩作保，就这样眼睁睁看着一条生命无辜地消逝。作者并没有竭力去隐藏自己的情感，而是让自己的主观感受自然地流露，即使如此，罗烽创作中的主观主义也没有萧军早期创作那样强烈。罗烽的小说创作大多是在作者的所听、所感、所见、所闻的基础上进行想象而形成的，虽然在一定程度上较明显地反映了作者的主观情绪情感体验，但还是以歌颂英勇抗日的英雄，揭露社会的黑暗，呼吁百姓反抗为主要动机，而在1940年的萧军日记中，他写道："我喜欢用什么方式创作，就用什么方式创作，也不必计较它的成功。艺术固然为了人，主要还是应该为了我自己。"如果说"鲁迅的创作艺术与他的个人主义是交相缠绕的。在这个复杂的创作背景之下，鲁迅不仅企图掩饰他内心的运转，同时也将这种种的挣扎与外在的世界相对立"①，那么萧军的个人主义则是与他的创作相互渗透，交相呼应，作品中的人物大大方方、毫不掩饰地表达了萧军对于战争、爱情等的看法，直接描述了革命队伍中存在的问题，老百姓的软弱，对敌人的仇恨……如在《八月的乡村》中，小说通过萧明与安娜相爱后对革命的两种态度，由斗志昂扬到萎靡不振、漠不关心，再配之以唐老疙瘩为救李七嫂而违背组织命令，成功将个人与革命运动、与社会间的矛盾构造出来。小说集《跋涉》中的大部分作品有着很强的自传性色彩，如《桃色》中"下一顿吗……可以当被子呀！被子完了，褥子、衬衣、书、大衣……精光了我们好走，多么爽利呀"，以及《烛心》中"爱便爱；不爱便丢开"，都是典型的萧军式的性格。在这一小说集中，饿与穷便是展开全部事件的原因，因着这饿与穷，看到"下等人"生存的艰难，"上等人"的优越与虚伪，对主人公生活目标茫然、为最简单的生活要求而奔波的描写就转到了对命运不公，生活空虚、悲观的感受。这也就是普实克所指出的"对自我的意识、对人的实体和意义的意识往往伴随着一个特征，那就是对生活的悲剧性的感受"②。

---

① 李欧梵. 中国现代文学与现代性十讲［M］. 上海：复旦大学出版社，2002：38。

② ［捷］雅罗斯拉夫·普实克. 普实克中国现代文学论文集［M］. 李燕乔等译，长沙：湖南文艺出版社，1987：2。

严格说来，"对悲剧的意识是个人追求自由，追求从旧的制度、旧的思想感情中解放出来时所需要付出的代价——是对肯定人类个性的刑罚"①。虽然大部分学者对罗烽、萧军的国家主义情感做出了正确判断，然而他们却大大忽略了他们创作中的悲剧因素。这二人都亲身经历过战争，对战争怀着深刻反思与厌恶，承受着故乡被日寇铁蹄践踏的耻辱，过着饥寒交迫的生活，亲眼见着这世界的黑暗不公，看到百姓的麻木苦难，这些便是二人悲观感受的主要根源。尤其是体现在所塑造的主人公对待战争的矛盾、冲突的态度上，最普遍的形象是起初以满腔热情去参加革命、参加战斗，后却因为爱情、因为对于战争本质的思考、因为个人的意志等原因采取退缩的态度。罗烽的《莫云与韩尔谟少尉》中韩尔谟与莫云都沉浸在交错的幻想中，韩尔谟幻想着莫云会为他的痴情感动，幻想着与莫云结婚，甚至幻想莫云喜欢上了别的男人，这导致他将贾道明中尉摔进山谷，如同一个堂吉诃德，不同的是，韩尔谟是被那残酷的战争所逼疯。莫云则幻想韩尔谟是在战场上奋勇杀敌的英雄，幻想着软弱的他会重返战场。两个人开始都在自己的幻想中甜蜜地相处，然而当莫云的精神从幻想下降到现实的时候，正是韩尔谟的精神从现实上升到幻想的时候，这两条曲线交叉的时候，便构成了小说最具悲剧性的时刻。在《八月的乡村》中萧军写道："革命是一只宝贝的坛子吗？里面盛的是苦痛？还是不自由？""该是一种错误吧！革命和当兵是一样的危险啦！全要赌生命！娘的，全要赌生命！"由对于生命的脆弱与珍贵，战争的意义的思考，仿佛深处荒原的感受而生发空虚和一系列的疑问，为什么要打仗呢？为什么人要平白无故地死去呢？打仗是为了谁呢？生命的意义又在哪里呢？不过罗烽、萧军并没有陷入这虚妄悲观的泥潭而停滞不前，而是正如鲁迅在《自序》中曾引用过的匈牙利诗人裴多菲的那首诗——"绝望之为虚妄，正与希望相同。"罗烽、萧军二人认识到了

---

　　① [捷] 雅罗斯拉夫·普实克. 普实克中国现代文学论文集 [M]. 李燕乔等译，长沙：湖南文艺出版社，1987：2。

对生活失望的叹息、厌恶的流露对于这水深火热的中国是没有帮助的，还是要将这个死气沉沉、黑暗的社会全方面展示给人们看，并且要让人们对这个社会产生光明的憧憬。这也就是他们二人与同时期其他作家相比，创作中更多了一种反抗、果敢的因子。如萧军的作品《下等人》中，国权为了"耸立的高楼，为了那闪光的汽车，为了那妩媚的女人……"竟然栽赃于四，而故事并没有就这样结束，作者让于四和他的"下等人"朋友们将"一把斧头，是准确的吻入了国权的小头颅"。

在罗烽的作品《归来》中，作者也寄托了自己的反抗精神："没被切断呼吸的人，为什么甘心躺在墓穴呢？……跳出来吧，趁着还没有掩土的时候哇！"在《粮食》中，孙发一家与村民都因为日寇来袭而躲进了山里，小说的开篇便是村民都已经到了没有粮食可吃的地步，于是孙发想出来去抢收自己的粮食，他是全村第一个去在敌人的眼皮底下收粮食的人，由于他的成功，抢收的风潮像烈火般蔓延，于是严重的纠纷也继之而起了，孙发被人诬陷偷粮食，又在分富户粮食时被人抓走，最终被枪决。作品塑造了一个勇敢、正义、冲动、有着极强的反抗精神的悲剧人物，他虽然打坏了恨天高的鼻子，然而当恨天高想要寻短见时，孙发却对他说："驴摔死了，你犯不上陪它去，糠，我分你一半，先拿去度度命，慢慢咱们再想个好办法……"[1]东北汉子的样貌，在他们的作品中典型地刻印出来。作者本身旷达、豪爽的个性从文字中也鲜活地扑面而来。

当然，对自我意识、对一个人个性的探索当然也必须与现实主义并行不悖，作家必须具有不带任何传统偏见看待自己、看待现存事物的能力。[2]

① 罗烽. 罗烽文集 [M]. 沈阳：春风文艺出版社，1984：139。
② ［捷］雅罗斯拉夫·普实克. 普实克中国现代文学论文集 [M]. 李燕乔等译，长沙：湖南文艺出版社，1987：28。

三、现实主义下的创作

在理论上，罗烽的诗作《诗人，东方发白了》就表达了诗人对于现实主义创作原则的坚持，主张真实地反映现实生活的问题与事实，不能够粉饰真相。

> 你捡来了富人的垃圾，
>
> 那全是一文不值的东西，
>
> 选呀，哪一块补丁，
>
> 能够盖住人们的褴褛？
>
> 这世界是一件朽烂的衣裳，
>
> 少数人也生了溃脓的瘘疮，
>
> 诗人，你笔下纵能生一朵白茉莉，
>
> 又怎可将那腐臭的气味掩上！

在这篇诗作中，作者批判了那些企图虚构事实、掩盖真相、粉饰太平的作家，不希望把文学作品变成卖身求荣的工具。正如他在《〈呼兰河边〉后记》中所写的："我只不过是一只被灾荒逼出乡土的乌鸦，飞到这太平盛世，用我粗糙、刺耳的嗓门，把我几年来积闷的痛苦倾泻出来就算完事。""我虽糊涂，为权贵者装潢门面，尚不甘心也！"[1]作者就是要奋笔疾书，用真实的描写来击碎那虚假的靡靡之音。写于1936年的《第七个坑》就把读者带到了九一八事变中腥风血雨的沈阳城。作者以极其冷静而细腻的笔触描写了被乌鸦争先啄食的脑浆、老鼠争扯着的肠子、城中每个角落都有的还没凝干的血迹。就是在九一八事变刚过去两天的日子，断炊三日的皮鞋匠耿大本想出来

---

① 张毓茂. 东北现代文学大系（第1卷）[G]. 沈阳：沈阳出版社，1996：378。

寻找亲戚来讨要些食物养活老婆孩子，却不巧碰到了一个日本兵。日本兵逼迫他在一个挖好的深坑旁边连续挖几个新坑，在这些坑中活埋了一个排字工人、一对怀抱孩子的年轻夫妇、耿大的舅舅和一个只求速死的吗啡鬼，耿大为了保住自己的命，帮日本兵活埋了这些人后，没想到第七个坑竟是日本兵为耿大准备的，耿大愤怒地用尽了全身力气拿起铁锹向日本兵砸去，回去救舅舅时，舅舅已经断气了。小说再现了劫后的古城恐怖、阴森、令人胆战心惊宛如地狱般的环境。"它高度凝缩而带点象征性地描写了中国人在侵略者制造的'九一八'深坑面前的生与死的选择，终于在男女老少形形色色的残酷之死的血泊中，奋而走上反抗的道路。"[①]萧军的文艺观正如他在《目前东北文艺运动我见》中明确的："凡是被称为一个真正伟大作家的，他必定是先把自己作为人民中间的一个，和人民取得血肉的联系，进而至于灵魂的凝结，而后他表达的思想、感情、理想、欲望……才是真正属于人民的。"[②]的确，我们可以在萧军的作品所塑造的"革命军"队伍中，看到很多粗犷、有反抗精神的农民形象，但他们并不是足智多谋、完美无缺的革命英雄，相反，他们有的难以放下自己的妻子儿女，有的眷恋着自己的土地，有的冲动、没有文化、意志不坚定……是他的现实主义创作原则让他能够去面对他的人物性格的不完美，真实地去塑造他们，而不是把他们都刻画成英勇无畏的英雄。虽然在罗烽的作品中也有这样不完美、有性格弱点的革命人物形象，但罗烽对于这样的人物主要是持批判揭示的态度，而萧军更多的是站在这些农民的立场，以包容、谅解去描绘他们。《八月的乡村》中的唐老疙瘩的爱人被日本侵略者强奸而身受重伤，这时唐老疙瘩在革命与爱人之间，违背上级命令，选择了陪在爱人身边，铁鹰队长决定处决

---

① 杨义. 中国现代小说史（第3卷）[M]. 北京：人民文学出版社，1998：309。

② 张毓茂. 东北现代文学大系（第1卷）[G]. 沈阳：沈阳出版社，1996：733。

唐老疙瘩来维持纪律……萧军自己回忆在写作这段的过程时说："写到这里……写不下去了，我不知道应该怎样处理这场面，我看着海——那时在青岛——看着山……从家里走到街上，又从街上走回来，足足思索了近乎两夜两天，直到后来，我才决定让日本的流弹打死了他。"①由此可见，萧军是真正融入了这支队伍中，和这些人物取得了精神上的联系，从而表达出属于人民的思想和情感。

罗烽、萧军的现实主义小说创作在主题上大致可以分为两个方面：一方面反映日本帝国主义入侵中国烧杀抢掠，另一方面也表现了在日益沉沦的中国社会中挣扎的穷苦百姓的生活。值得注意的一点是，罗烽和萧军的小说创作有一个共同点：对日本侵略者的心理进行真实描写。如在萧军1934年完成的《八月的乡村》中就出现一个二十多岁的入伍兵松原太郎，小说不仅想要真实记录日军在中国的暴行，还进一步刻画了松原太郎在做坏事时的矛盾复杂的心理。他的爱人芳子的话"这就够悲惨了"虽然一直萦绕在他想做坏事的脑海中，却没能够阻止他去做伤天害理的事情，他的矛盾、犹豫、迟疑，那仅存的人性都在那一颗虚伪的想要与别人一样有值得"吹嘘"的资本的心的驱使下分崩离析。罗烽写于1937年的《空军陆战队》，记叙了在南京上空驾驶飞机耀武扬威的日本空军陆战队队员由于飞机坠落而做了俘虏的故事。小说用充满讽刺的语言交代故事发生的背景，"更奇特的是：当他们着地时，飞机也随着落下来，然后它跟他们分了手：一个被收拾起来载送到战利品展览会去，一个便押解到敌军空军俘虏看守所里"②。作者别出心裁，从日本空军俘虏的角度来记叙，主人公空军少佐栗原卯之助因为"从日本的社会主义者山川均氏和左翼文学家的林房雄氏的笔下，得到了最显著的证明：中国人惨无人道"，所以对中国人感到恐惧、憎恨，当日本人空袭来临时，起初还嘲笑那些躲藏起来的人，每当日本侵略者的空军

---

① 萧军. 论同志之"爱"与"耐"[N]. 解放日报，1942-4-8。

② 罗烽. 罗烽集[M]. 哈尔滨：黑龙江大学出版社，2011：107。

飞过时，还会高喊"大日本帝国空军万岁"，可是当爆炸的声音迫近了，房子摇晃了，他就躲到桌子底下，吓得魂飞魄散了。作者以辛辣讽刺的手法为我们塑造了一个盲目无知、虚伪、被日本帝国主义所欺骗而不知悔改的日本军人形象。文中还描写了另一些被俘的日本军人对于自己行为的悔改以及对于日本帝国主义的压迫与欺骗的不满。正是在现实主义创作原则的指导之下，二人完成了对于这类形象的塑造，而且并不仅仅停留在刻画他们表面众所周知的凶残与毒辣的层面上，还深入挖掘他们内心的矛盾与痛苦，他们的思乡，他们的无奈，真实地塑造了有血有肉的、丰满的、可怜又可恨的日本军人形象。

罗烽和萧军的创作虽然也关注个人的内心活动，但是大体说来，他们还是对表现社会现实更关心，对人物的个性发展较少关注，他们的作品中的主人公首先是一双双观察社会的眼睛。如萧军的作品《货船》，通过"我"在船上的所见所闻来写当时的小水手生活的现状，那舱底下令人难以忍受的温度，那幽暗的房间中晕倒的一个个年轻人，那些像货物一样被钉在这船上失去自由的劳动者，为我们揭开了水手生活厚厚的幕布，发掘了很少有人书写的新领域。然而在这篇文章中，"我"只是一个过客，除了能够感受到"我"的同情，读者对于"我"这个叙述者一无所知。文中出现的每一个人物也都只是扁平人物，只有把每个人物所展现的片面的特点组合起来，或许我们才能得到一个"水手"的完整形象。罗烽的作品《狱》则记叙了由于一次他人的未成功的越狱，导致"我"被换到了哈尔滨特区监狱，以及在这个监狱中"我"的经历：七个月来洗的第一次澡，吃的第一次有滋味的饭，看到无辜的年轻人被当作义勇军而被处死……这个小说所展示的每一帧图景对于大多数读者来说都是新奇的，然而《狱》的价值不仅仅是开拓了小说题材的新领域，更在于从对一个监狱真实状态的描写中折射风云激荡的1935年左右的东北的混乱社会图景。作者在文中注释道：哈尔滨特区监狱是给白俄侨民专门预备的监狱。监狱里的待遇，强于我国人中等家庭的生活。①这就是1936年东北的现实，就连监狱里的生活都胜过平常百姓，作者忍不住发出疑问："这里究竟是地狱？还是人间？住在天堂上的人，哪里会看见地狱呢？"

罗烽、萧军的创作"艺术的优劣可以暂且不论，但那种气质，那种野性的、原生态的生命意象"②，那种对国家和人民的赤子之心，那种阳刚强健之美，多元化的创作，都是东北现代文学的精华与灵魂。

① 张毓茂. 东北现代文学大系（第3卷）[G]. 沈阳：沈阳出版社，1996：786。

② 孙郁. 新旧之变 [M]. 上海：复旦大学出版社，2010：108。

罗烽作品中的精神意识研究

出身贫寒，方知生活不易；奋而自发，习得人生百态；爱国激进，为祖国鞠躬尽瘁；含冤入狱，尽尝人事苍凉。他，便是罗烽。

萧红、萧军、端木蕻良无疑是东北作家群里被熟知的三颗明星。但是东北作家群之所以称为"群"正是因为有了那么多优秀的作家在一起，使东北这块文学土壤释放出绚烂的光彩。在战火纷飞、战事频繁的岁月里，在东北这块热土上，有舒群、白朗、罗烽等一系列作家，他们用自己的笔杆抒发自己的豪情壮志，更用自己的热情去实践，深入抗日战场。罗烽便是其中典型的一位。在此期间罗烽也创作了大量的文章和诗篇，用文字挥洒自己的豪情。对于罗烽，有很多人是从他的具体作品展开研究的，但是我认为一个人的精神意识可以体现一个人的整体创作风格，以及不同时期不同的创作概况，因此我将探寻罗烽的精神意识。

"罗烽"可以说是很亲切的两个字，他是沈阳苏家屯人，也是沈阳人的骄傲。他的身份可以说是"双重"甚至是"多重"的：首先身为共产党员，他在1935年加入左联，曾任陕甘宁边区文化工作委员会秘书长，新中国成立后，历任东北人民政府文化部副部长兼秘书长、东北文联第一副主席……他的职务和名号可以说数不过来。同时他也是一个革命者，他曾在杨靖宇领导下在群众中工作，积极投身革命。再者他也是优秀的作家，在当今文坛有人对他的短篇小说、诗歌等做过研究。正因为他的多重身份让他的精神世界也更为丰富。

一、主观战斗精神

（一）民族解放与共产主义理想

罗烽1928年在黑龙江省呼海铁路传习所学习期间参加革命，1929年加入中国共产党，担任支书、党委书记等职。九一八事变后，罗烽在杨靖宇同志领导下在群众中工作，他以一个无产阶级战士的姿态进入文学创作领域，有大量的群众活动作为他创作的基础，因大量的亲身经历，深刻地感受到当时在日军侵略下中国社会的辛酸与不易。在中国共产党的领导与号召下，他的诗歌及小说中有激烈的渴望民族解放、实现中华民族伟大复兴的使命感，他的作品中透露出中华民族浴血奋战、不可摧毁的力量和意志。

在哈尔滨期间，罗烽创作了《呼啸》《晒黑了你的脸》《从黑暗中鉴别你的路吧》《说什么胜似天堂》《一个神秘的星球》《水仙花谢了》等诗歌，这些诗作强烈地体现了罗烽的共产主义理想。《从黑暗中鉴别你的路吧》描写黑暗的社会现实，"狞恶假善人的脸""不可捉摸的恐怖战栗和血腥""藏在太阳里还没有露头的前夜"。诗人用"狞恶""假善"来抨击那个时代罪恶的侵略者和残酷血腥的战争，"太阳"是诗人心目中的光明理想，黑夜过后即是绚丽的阳光，体现了诗人对美好的未来、共产主义理想的向往。《说什么胜似天堂》把人民的痛苦与不幸描写得淋漓尽致，罗烽高呼当时的社会就是"无恶不备的地狱"。《一个神秘的星球》透过对梦境的描写，对比体现了黑暗与光明，痛斥了丑恶的旧世界，而在梦中"美妙的意境"无疑体现了他对共产主义的向往，对战火纷飞的旧中国的痛斥，对自己心中那片和平乐土的向往。

在他的小说《最后的一次试验》中，冒险家阿龙是一个捡垃圾的孩子，他的一生只为了那一次"试验"，一次可以实现他人生理想的试验，但是他失败了，以死亡告终，甚至死之前也没能喝上一口水。

我认为罗烽并非是悲观的,他像阿龙一样,阿龙有着纯真美好的心灵,即便他只是个捡垃圾的流浪儿,但是他不畏缩,他慷慨而有目标和动力,即使他死去了,可是他的意志永存,他的力量不减。作者是想以此告诉我们,中国人是有血性的,中国人同样拥有理想和美好的品质,中国还会站起来,中国必胜。

(二)爱国主义情怀

"爱国"可以说是那个时代人民的共同心声和精神价值取向,"天下兴亡,匹夫有责""宁死不屈""为国捐躯,死而无憾"。国家是由一个个小家组成的,同样有国才有家,为了祖国的复兴,也为了自己小家的幸福,无数人在那个时代毫不犹豫地为祖国而战。罗烽这样的爱国人士对中国的爱既有"大爱"也有"小爱"。

对自己祖国的大爱。罗烽的大爱可以说深受鲁迅还乡意识的影响,在哈尔滨时期,东北作家群最早冲破文艺罗网,《哈尔滨新报》的《新潮》副刊就是我党公开创办的第一个文学园地,萧红、罗烽、舒群等作家经常为其撰稿,但是不久之后,报社被大水冲垮,文艺活动不得不中止。时隔不久,在罗烽、舒群、金剑啸的支持下,地下党员于1933年8月6日创办了《夜哨》文艺副刊,《夜哨》发表了大量告诫青年、鼓励青年的富有激情的作品,告诫青年不要"彷徨""踌躇""随波逐流",要认识到自己是"伟大而重要"的,是祖国的希望。《夜哨》发表了大量爱国主义作品,更起到了鼓舞士气、打击敌人的作用。罗烽的创作契合与响应党的号召,积极为祖国为他热爱的东北黑土地贡献自己的力量。

东北作家群可以说是在鲁迅的扶持下成长起来的,罗烽的精神中对祖国对故乡的热爱可以说是对鲁迅"还乡意识"的延续,罗烽作品中的"怀疑主义"也是对鲁迅"自我辩驳"精神的吸取。在鲁迅"归—去—来"的还乡模式中,鲁迅心中坚信,自己心中的故乡是这个世界上最美好的地方,也是他恒久的精神家园,而这种对"故乡"的热爱也在罗烽的身上得到了完美的诠释。在小说《狱》中,他写道："早晨，窗外的天空清朗得像一片海……唯有今年这样好，我却被关在窗子里面，看着怪可爱的天空，仿佛欣赏一幅画一样，而不能从那里吸一点新鲜的空气。"①这段话中写出了空气的清新怡人，景色的秀美，而这监狱之中的人，面对仅仅一窗之隔的美景却不能涉足，置身于一个暗无天日的地方，面对美景只能奢求，这无疑是一种折磨。罗烽以狱中之人自况，自己出生并生长在东北这片美丽的黑土地上，高山、流水等美景应有尽有，可是战火连天民不聊生，日寇的铁蹄无休止地践踏在这片土地上，罗烽十分愤恨，迫切想要冲破黑暗，重新回到自己热爱的土地上。值得注意的一点是，在鲁迅的人生后期，在他重新回到自己的故乡之后，他意识到了自己故乡内部蕴含的那种封建文化的残渣，一代一代人延续着上一代的命运悲剧，苍凉感油然而生，故乡已不再是记忆中美好的寄托，而是仅仅只能留住儿时美好回忆的地方。但在罗烽的心中，他对自己的故乡一直抱有持久的爱。

二、崇高的生死观

（一）舍"小我"求"大我"的人生抉择

《延安日记（1940—1945）》②中记录了罗烽与萧军的书信往来，1940年8月30日在重庆，罗烽遭到空袭，因不堪其扰，不得不暂时迁居，在重庆期间他完成了中篇小说《粮食》和《满洲的囚徒》的一部分。《延安日记（1940—1945）》中写到罗烽的一段话：在年底前我要写完《满洲的囚徒》，朗要写完她的《狱外集》③，"不到黄河不死心"，无论如何我都要到那边走一趟。在那样恶劣的环境下，罗烽依

---

① 罗烽. 罗烽集 [M]. 哈尔滨：黑龙江大学出版社，2011：16.
② 萧军. 延安日记（1940—1945）[M]. 香港：牛津大学出版社，2013.
③ 白朗的《狱外集》写于1936年，共32章，到延安后在延安文艺座谈会前曾改写。

然笔耕不辍，坚持自己的理想，用文字书写人生，《满洲的囚徒》①里面大部分都是罗烽的亲身经历，即使身陷囹圄，生命受到威胁，依然牢记自己的使命，是如何的爱国，如何的不怕牺牲。

在同时期的创作中，罗烽的大量作品中体现了舍"小我"求"大我"的这种精神。《娄德嘉兄弟》一文中描写了一对手足情深的兄弟娄德嘉、娄道嘉，在日寇入侵下，娄道嘉让自己的弟弟带着女儿去山里避难，自己和年迈的老母亲留在家里做幌子使日军安心，离别之际哥哥对弟弟说："让我……再亲一亲……你呗。"②这句话深深地灼伤了我的心，兄弟情深，哥哥知道弟弟这一走可能就是永别，还想最后和弟弟亲密一下，是如此无奈，摆脱不了命运的捉弄。弟弟带着女儿走了之后，日军抓走了哥哥，叫他去指认共产党，年迈的老母亲在冰天雪地中上山通风报信，在凛冽的寒风中一家人想着如何让自己的亲人虎口脱险，德嘉拿着老父亲留下的那杆猎枪，走出山洞，到了鬼子的必经之路。在读到这里时，我的心提到了嗓子眼：到底能不能救出哥哥？鬼子那么多要是同归于尽可怎么办？然而结局令人匪夷所思：娄道嘉仿佛遇到了一只猛兽，他狰狞地扳动了贴在枪上的食指……他杀死了自己的哥哥！我惊讶、愤怒又觉得可歌可泣，为了国家，为了民族，为了大义，为了保护共产党员，我们不惜一切代价。娄道嘉的选择无疑是明智的，这是保护妈妈和侄女，以及减少伤亡的最好选择。

（二）难以抹杀的民族抗争意识

在罗烽的作品中，开头经常使用环境描写来烘托氛围，也常常在自己塑造的文学人物身上寄托自己的情感。在小说《第七个坑》中，罗烽毫无保留地指出这是"沈阳城"，生活在这片土地上的人对此往往有更深的感触。皮鞋匠耿大在去舅舅家借钱的途中不幸遇到日本兵，在日本兵的刺刀威胁下，他被迫挖坑埋人。他害怕、恐惧又无可

---

① 《满洲的囚徒》是罗烽代表作品之一，取材于自己的生活经历。

② 罗烽. 罗烽集 [M]. 哈尔滨：黑龙江大学出版社，2011：115。

172

奈何，为了活着离开他也没有别的选择，他只能昧着良心，他的双手沾满了鲜血，他在破坏别人的"生命"，直到他含着泪埋下自己的舅舅之后又埋下一个路人。最为可悲的是，他本以为做完一切他就可以离开了，但是那第七个坑是用来埋他自己的，在那个时候他终于明白：日本兵是没有任何情分可言的，即使自己苟且偷生，也逃脱不了死亡的魔爪，终于，他用尽全身力气，拿起铁锹杀死了那个日本兵。"枪，人瞬时跌落在地上，第七个坑被那个日本兵占有了。"①他终于杀死了奴役他的人，但是他也完了，没有亲人，也没有住处。故事唯一令人欣慰的是，即便到了最后，中华民族也没有放弃，也没有丧失生存、斗争的意识，中华儿女永不言败，无畏前道艰险，常怀斗争之心。

三、现实主义的精神追求

（一）对官僚主义的批判

罗烽出生在一个普通家庭，父亲做过邮差，还做过起草公文等的文职职员。罗烽年轻时正值国民大革命新兴时期，在此期间也读过不少左翼作家的作品。正是年轻时这样的经历，使他对当时社会上的官僚主义极为不满，这一点在他的作品中也得到体现，罗烽作品中的"官僚主义者"都没有好下场。《到别墅去》这部小说描写了唐恩涛公馆里发生的一系列事件：官员和企业家之间为了调和各种利益争夺而钩心斗角，互相猜忌；姨太太凭年轻姿色上位，对自己的继女继子十分不友好，爱慕虚荣，欺负正牌夫人；好不容易少爷小姐与父亲继母同在一张桌子上吃饭，却也是处处不顺心，一直拌嘴；少爷有才干和学识却因时局所迫，无处施展，对父亲颇为不满，一桌子人七嘴八舌。企业家相互排挤，为了讨好处长用尽手段，但本来是大家阿谀奉

---

① 罗烽. 罗烽集 [M]. 哈尔滨：黑龙江大学出版社，2011：46。

承的处长却没料到一件事，因为匪徒队长逃跑了，他本想从企业家手里大捞一把的计划落空了，他可谓偷鸡不成反蚀把米，家庭、事业都不得意。从罗烽对此类形象的构塑中，便可以看出他对官僚主义的批判与不齿。

再如《莫云与韩尔谟少尉》中的韩少尉这一艺术形象。少尉在开头时就是一个完美的代表，他阳光、帅气、温柔、体贴，又有权势与地位，但是在莫云与他的不断相处中，她逐渐发现他其实是一个自私、贪婪、没有同情心的人。莫云看穿了他，看穿了他虚伪外表下的无情与粗暴，最后毅然决然离开了他，走上革命的道路。罗烽通过韩尔谟最后孑然一身，失去自己心爱的未婚妻的苦果，揭示官僚主义没有好下场的历史必然性。在当时的中国社会，官僚主义是极大的阴暗面，尤其是为了谋取个人利益不择手段的官员，罗烽无情地撕开了社会的面具，把血淋淋的事实展现在人们面前，这样的罗烽既是一位民族主义战士，也是一位以笔为刀的鲁迅继承人。

（二）反战的理性精神

罗烽的作品大部分具有一种激烈的战斗精神，他的诗歌、戏剧和小说中的人物都宁死不屈，即便牺牲仍不放弃希望，奋勇前行，但是罗烽的一些作品中也透露出反战情绪。在小说《空军陆战队》中就写到两个被俘虏的日本军官——长尾重雄、栗原卯之助，他们也很迷茫，不知道自己该做什么不该做什么，什么是对什么是错，他们也不知道自己到底为何而战，更不知道未来会怎样。作品中的日本军官似乎在被奴役，就像两只六神无主的牲畜。中国人对待日本侵略者也没有什么好的态度，因为日本侵略者在中国无恶不作，亲人之仇，民族之恨，也是因为这些原因，在中国人的眼中日本侵略者没有一个好东西。但罗烽在这篇小说中却流露出更深的见解："西牧贡空军少尉，不加考虑地回答着。随后，他更兴奋地剖白道：'请您告诉中国的友人，我西牧贡未曾用一枚法兰西的炸弹伤害着中国的财产与生命……我敢这样说……'"①在描写日本军人的懦弱胆小的过程中透露一种淡淡的反战情绪，都是为了自己的家族，也都是为了自己的生存，其实在战争中，不乏有人是盲目的，盲目地排外，盲目地杀戮，在自己衣食无忧的情况下谁不想好好地在自己家里待着，和亲人生活在一起？谁不渴望和平？最后躺在草坪上的长尾重雄兴奋地喊起来："中日被压迫民族紧紧地握起手来！"日本人的军国主义思想根深蒂固，但是一部分不想参加战争的人在自己国家统治者的压迫下也是无能为力，没有选择的权利。罗烽通过对这两个俘虏的描写指出其中那一部分盲目的日本人，透露出丝丝反战情绪。

（三）勇于揭露社会的阴暗

在罗烽的众多作品中，《星散之群》这部中篇描写了皮鞋制作工作者的苦难生活与不幸遭遇，资本家、封建势力对工人的残酷剥削和压榨。小说描写了驼背老潘一家的悲惨生活经历，老潘十二岁给王福家担水，被王福家的狗咬断腿，为了报仇他打死了狗，可是他被送进了监狱，一条狗的性命比人命都值钱！难道老潘就得等着被咬吗？刑满释放后，老潘继续过着穷困潦倒的生活，差点让媳妇上饭店做不正当的勾当！皮鞋制作工人林树全一家更是凄惨，林树全的媳妇、三岁的孩子还有他的爹娘全部被炮弹炸死，但是林树全不懂得工人的凄苦来自资本家的剥削，反倒向资本家表决心：一辈子也不忘记，保证做安分守己的奴隶！真是可笑，百姓受到资本家精神上的奴役却不自知，还为资本家当牛做马！深刻地讽刺了那个时代人的愚昧，批判了资本家残酷的压榨和剥削。当然其中也不乏觉悟之人，例如韩百禄、高振名，他们对东家对奴才与主子的区别嗤之以鼻，看穿了玩弄人生的把戏，高振名发动大家买表，不满过长的工时，反映了劳动人民与资本家不可调和的矛盾，从心底里排斥、揭露这个黑暗的时代，可惜这只是一部分人的进步思想，很难坚持下去并引起共鸣！那个时代的

---

① 罗烽. 罗烽集 [M]. 哈尔滨：黑龙江大学出版社，2011：111。

悲剧还在继续……

四、人生的苍凉与无奈

早年的罗烽为了党，为了祖国为了人民，忍辱负重，甚至为了保密，对自己的妻子一开始也做足了保密工作，在哈尔滨期间他创作了大量爱国主义诗歌、戏剧以及小说，表达了他强烈的爱国主义精神，以及为了党宁死不屈的大义。可是20世纪50年代在一次次被诬陷、被出卖之后，罗烽、白朗被扣上了"右派分子"的帽子，被双双开除党籍，撤销了一切党内职务，坐上了下放的列车开往阜新。阜新位于辽西丘陵，由于当时还未加强建设，可以说是风沙满天，天气恶劣，冬季严寒，夏季酷暑，大风一年四季不停歇。在此期间罗烽在煤矿工作，身体一日一日地消瘦，可是为了摘掉那顶"帽子"，他一直坚守阵地。白朗见爱人如此执着，也默默地承受哮喘的病痛不让罗烽担心！终于在1961年他们摘掉了"帽子"！1962年年初，罗烽在他与白朗的照片后写道："1962年春，大病初愈！"一语双关！即使遭受摧残，可是他们依然坚信"我们迟早会重新回到党的怀抱"！在下放期间条件受到限制，他们无法进行创作，但是罗烽在五十岁生日那晚填了一阕题为《桂殿秋·五十有感》的词：

　　　默相对，老伴酒，一来黄花五十瘦。望冷素肴添雪发，偷吞苦泪凿肠透。
　　　字百万，尽忾仇，平生大节半语休。是是非非非非是，真狱假狱奇冤构。

一阕词涵盖了罗烽全部的凄苦、苍凉与无助，词中"瘦""冷素""苦泪""透"淋漓尽致地描绘了这些下放、蒙冤日子里精神和身体遭受的摧残，欲语泪先流，欲说还休。1960年，罗烽再作五言诗

《胡不归》：

> 游魂离魂子，胡不归去吟。
>
> 欲归归无处，还怜未归人。

他们是如此渴望回到党的怀抱。摘帽之后他们回去陆续写了《少织了一朵大红花》《春风得意》《温泉》《在起跑点上》《警钟》《雪天》等一系列作品。

然而好景不长，1967年罗烽再一次被当作反党分子抓走，白朗也一次次被叫去问话，两位老人本就虚弱的身体再一次遭受打击，白朗更是患上了严重的精神病！在此颠沛流离期间，1970年罗烽写了《金州再迫迁复州湾途中遇雨》：

> 春花绣半岛，细雨注金城。
>
> 迢迢靡行止，应幻似游僧。
>
> 故国盛四海，故我偏飘零。
>
> 孤山穷千里，苍茫浮落英。

此诗完美无缺地体现了下放日子的颠沛流离，后来他的女儿金玉良为两位老人写传《落英无声》，我想这个书名便是出自这首诗吧！两位老人也正如这落英，虽然隐忍，可也暗含一股不服输的韧劲。

十一届三中全会之后拨乱反正，罗烽、白朗终于得以平反。可是罗烽白朗的身体已经越来越差，几乎不能自理，花甲之年的罗烽填词《清平乐·一路》：

> 文韬武略，潇洒殊死搏。踏遍冰川又大澳，裹尸何须马革。
>
> 外敌昨别铁窗，内战厉鬼无常。三四五十年代，一路暗

箭明枪。

这是老人回首往事的感叹，身体的打击尚可忍受，可是侮辱自己对党不忠必当用行动证明。

一个人无论他的一生有多长都应该坚守自己的信念，有理想的人生才算不白活，为了民族大义而奋斗的人生才令人尊敬！作为东北作家群的一员，罗烽为我们展示了那个年代老一辈人应有的风骨和豪情壮志。东北这块黑土地上养育了许许多多像罗烽这样的优秀作家，有数不尽的文学财富等待我们去挖掘和探索，愿东北文坛逐渐被历史淡忘的优秀作家重新引起重视。